원소*주기율표
Periodic Table
of the Elements

1								
1 H 수소 Hydrogen								

2								
3 Li 리튬 Lithium	**4** Be 베릴륨 Beryllium							
11 Na 소듐 Sodium	**12** Mg 마그네슘 Magnesium							

		3	4	5	6	7	8	9
19 K 포타슘 Potassium	**20** Ca 칼슘 Calcium	**21** Sc 스칸듐 Scandium	**22** Ti 타이타늄 Titanium	**23** V 바나듐 Vanadium	**24** Cr 크로뮴 Chromium	**25** Mn 망가니즈 Manganese	**26** Fe 철 Iron	**27** Co 코발트 Cobalt
37 Rb 루비듐 Rubidium	**38** Sr 스트론튬 Strontium	**39** Y 이트륨 Yttrium	**40** Zr 지르코늄 Zirconium	**41** Nb 나이오븀 Niobium	**42** Mo 몰리브데넘 Molybdenum	**43** Tc 테크네튬 Technetium	**44** Ru 루테늄 Ruthenium	**45** Rh 로듐 Rhodium
55 Cs 세슘 Caesium	**56** Ba 바륨 Barium	57 – 71 Lanthanides 란타넘족	**72** Hf 하프늄 Hafnium	**73** Ta 탄탈럼 Tantalum	**74** W 텅스텐 Tungsten	**75** Re 레늄 Rhenium	**76** Os 오스뮴 Osmium	**77** Ir 이리듐 Iridium
87 Fr 프랑슘 Francium	**88** Ra 라듐 Radium	89 – 103 Actinides 악티늄족	**104** Rf 러더포듐 Rutherfordium	**105** Db 더브늄 Dubnium	**106** Sg 시보귬 Seaborgium	**107** Bh 보륨 Bohrium	**108** Hs 하슘 Hassium	**109** Mt 마이트너륨 Meitnerium

57	58	59	60	61	62	63
La 란타넘 Lanthanum	Ce 세륨 Cerium	Pr 프라세오디뮴 Praseodymium	Nd 네오디뮴 Neodymium	Pm 프로메튬 Promethium	Sm 사마륨 Samarium	Eu 유로퓸 Europium

89	90	91	92	93	94	95
Ac 악티늄 Actinium	Th 토륨 Thorium	Pa 프로트악티늄 Protactinium	U 우라늄 Uranium	Np 넵투늄 Neptunium	Pu 플루토늄 Plutonium	Am 아메리슘 Americium

								18
								2 **He** 헬륨 Helium
			13	14	15	16	17	
			5 **B** 붕소 Boron	6 **C** 탄소 Carbon	7 **N** 질소 Nitrogen	8 **O** 산소 Oxygen	9 **F** 플루오린 Fluorine	10 **Ne** 네온 Neon
10	11	12	13 **Al** 알루미늄 Aluminium	14 **Si** 규소 Silicon	15 **P** 인 Phosphorus	16 **S** 황 Sulfur	17 **Cl** 염소 Chlorine	18 **Ar** 아르곤 Argon
28 **Ni** 니켈 Nickel	29 **Cu** 구리 Copper	30 **Zn** 아연 Zinc	31 **Ga** 갈륨 Gallium	32 **Ge** 저마늄 Germanium	33 **As** 비소 Arsenic	34 **Se** 셀레늄 Selenium	35 **Br** 브로민 Bromine	36 **Kr** 크립톤 Krypton
46 **Pd** 팔라듐 Palladium	47 **Ag** 은 Silver	48 **Cd** 카드뮴 Cadmium	49 **In** 인듐 Indium	50 **Sn** 주석 Tin	51 **Sb** 안티모니 Antimony	52 **Te** 텔루륨 Tellurium	53 **I** 아이오딘 Iodine	54 **Xe** 제논 Xenon
78 **Pt** 백금 Platinum	79 **Au** 금 Gold	80 **Hg** 수은 Mercury	81 **Tl** 탈륨 Thallium	82 **Pb** 납 Lead	83 **Bi** 비스무트 Bismuth	84 **Po** 폴로늄 Polonium	85 **At** 아스타틴 Astantine	86 **Rn** 라돈 Radon
110 **Ds** 다름슈타튬 Darmstadtium	111 **Rg** 뢴트게늄 Roentgenium	112 **Cn** 코페르니슘 Copernicium	113 **Nh** 니호늄 Nihonium	114 **Fl** 플레로븀 Flerovium	115 **Mc** 모스코븀 Moscovium	116 **Lv** 리버모륨 Livermorium	117 **Ts** 테네신 Tennessine	118 **Og** 오가네손 Oganesson

64 **Gd** 가돌리늄 Gadolinium	65 **Tb** 터븀 Terbium	66 **Dy** 디스프로슘 Dysprosium	67 **Ho** 홀뮴 Holmium	68 **Er** 어븀 Erbium	69 **Tm** 툴륨 Thulium	70 **Yb** 이터븀 Ytterbium	71 **Lu** 루테튬 Lutetium
96 **Cm** 퀴륨 Curium	97 **Bk** 버클륨 Berkelium	98 **Cf** 캘리포늄 Californium	99 **Es** 아인슈타이늄 Einsteinium	100 **Fm** 페르뮴 Fermium	101 **Md** 멘델레븀 Mendelevium	102 **No** 노벨륨 Nobelium	103 **Lr** 로렌슘 Lawrencium

원소
주기율표*

ELEMENTARY: THE PERIODIC TABLE EXPLAINED

원소 주기율표*

교과서 개념에 밝아지는
배경지식 이야기

제임스 러셀 지음 ㅣ 고은주 옮김

교육 R&D에 앞서가는

Key 키출판사

일러두기

- 인명과 고유 명사는 국립국어원 '외래어 표기법'을 기준으로 하였으나
일부는 국내에서 통용되는 표기를 따른 경우도 있다.

멘델레예프의 기발한 아이디어

주기율표의 탄생은 지난 2세기의 과학사에서 가장 혁신적인 사건이다. 하지만 주기율표를 만드는 데 어떤 과학 기구도 특별한 실험도 필요하지 않았다. 그저 펜 한 자루와 종이, 똑똑한 러시아 화학자 드미트리 멘델레예프(1834~1907)만으로 충분했다. 1860년대 초, '원소는 원소를 이루는 원자 구성에 따라 독특한 성질을 갖는다'라는 이론인 원자론에 푹 빠진 멘델레예프는 그때까지 알려진 모든 원소를 분류하여 하나의 간단한 표로 만들겠다는 꿈을 가지고 연구에 매진했다.

그 당시에는 물질이 원소로 이루어져 있으며, 원소는 모두 62가지가 있다고 알려져 있었다. 멘델레예프는 먼저 원소들을 원자의 질량수 크기대로 배열했다. 원자의 질량수란 원자의 핵 안에 들어 있는 중성자 수와 양성자 수의 합을 말한다. 원자의 핵은 양성자와 중성자로 이루어져 있고, 그 주위를 전자가 궤도 운동을 하고 있다. 전자는 매우 가벼워서 원자의 질량을 계산할 때 전자의 질량은 무시된다.

멘델레예프는 일단 원소들을 한 줄로 길게 늘어놓았다. 늘어놓은 원소를 바라보던 멘델레예프에게 결정적인 통찰력이 번득였다. 원소가 나열된 줄에 특별한 패턴이 있음을 발견한 것이다. 비슷한 성질을 가진 원소들이 '주기period'를 갖고 배열되어 있었다.

길게 늘어놓은 줄을 여러 개로 잘라 몇 개의 짧은 행으로 다시 배열한 다음 각 열마다 서로 비슷한 성질을 가진 원소들이 오도록 했다. 이것이 바로 첫 번째 주기율표다. 표의 가장 왼쪽 열에는 소듐, 리튬, 포타슘이 속하는데, 이들은 모두 실온(약 20℃)에서 고체 상태이고 쉽게 색이 변하며, 물속에 넣으면 격렬하게 반응한다.

멘델레예프는 '주기율periodic law'을 찾아내기도 했다. 원소들은 반복적인 패턴을 가진 집단으로 나누어졌다. 비슷한 성질을 가진 원소들이 일정한 간격을 두고 존재한다는 뜻이다. 이때 비슷한 성질이란 전기음성도, 이온화 에너지, 금속성, 화학적 반응성 등을 말한다.

1869년에 주기율표를 처음으로 발표한 후, 멘델레예프는 연구에 더욱 매진했다. 때때로 자신이 세운 규칙을 깨뜨려 일부 원소의 위치를 바꾸고 빈칸을 놓는 식으로 다르게 배열했더니 주기율표의 패턴이 보완되는 것을 깨달았다. 예를 들어 초기 주기율표에서 비소는 4주기 13족 자리에 있었지만, 멘델레예프는 비소의 성질이 15족에 있는 원소들과 더 비슷하다고 생각했다. 그는 비소를 15족 자리로 옮기고 4주기 13족, 14족 자리를 비워두었다.

빈칸이 있는 주기율표가 처음에는 이상하게 보였지만, 갈륨과 저마늄이 발견되었을 때 멘델레예프의 판단이 옳았음이 증명되었다. 갈륨과 저마늄이 비소의 바로 앞자리인 4주기 13족, 14족 자리에 완벽하게 맞는 원소였기 때문이다. 이후 150년 동안 아르곤, 붕소, 네온, 폴로늄, 라돈 등과 같은 원소들이 발견되거나 실험실에서 합성되었다. 이 원소들은 주기율표의 빈칸을 차곡차곡 채웠고, 현재 주기율표에는 118개의 원소들이 있다.

멘델레예프는 원소의 성질을 바탕으로 직관에 따라 주기율표를 재배열했다. 하지만 그의 생전에는 여전히 주기율표가 질량수 순이었다. 1913년이 되어서야 헨리 모즐리가 원소의 순서를 결정하는 것이 원자의 질량수가 아닌 '원자 번호atomic number'임을 증명했다. 원자 번호는 원자에 있는 양성자 수만으로 결정된다. 양성자는 양전하를 띠기 때문에 원자 번호는 핵 내 양전하의 양과 같다. 이후에 핵 주위를 돌고 있는 음으로 하전된 전자의 수가 양성자의 수와 같아 결국 원자는 전기적으로 중성(순전하가 0)이라는 사실이 밝혀졌다. 모즐리의 연구 결과에 따라 주기율표가 다시 배열되자 새로운 빈칸이 생겼고, 이로 인해 이 빈칸을 채울 새로운 원소들이 계속 발견될 수 있었다(193쪽 참조).

이제 그 체계에 따라 어떤 원소든 원자 번호로 고유하게 식별할 수 있다. 하지만 '동위 원소isotope'는 중성자 수에 의해 정해지기 때문에 중성자 수 역시 중요하다. 예를 들어 수소는 양성자가 1개인 원소다. 프로튬이라고 부르거나 ^{1}H로 나타내는 보통의 수소 원자에는 중성자가 없다. 하지만 자연에는 두 개의 동위 원소가 더 존재하는데, 듀테륨(중수소, ^{2}H)에는 양성자 1개와 중성자 1개, 트리튬(삼중수소, ^{3}H)에는 양성자 1개와 중성자 2개가 있다. 실험실에서는 더 많은 동위 원소를 합성할 수 있다. 삼중수소에 중수소 핵을 충돌시키면 양성자 1개, 중성자 3개를 가지는 테트라늄(^{4}H)을 만들 수 있다. 그러나 이 동위 원소는 매우 불안정해서 빠르게 붕괴하기 때문에 결국 자연에서 존재하는 동위 원소 중 하나로 돌아간다.

멘델레예프의 주기율표는 매우 단순했지만, 아직 발견되지 않은 원소들을 예측하고 발견하는 데 도움을 주었을 뿐만 아니라, 화학자들이 원자에 대해 깊이 이해하고 연구할 수 있도록 이끌어 주었다. 화학자들은 주기율표의 같은 족이나 주기에 속하는 원소들이 서로 비슷한 성질을 갖는 이유가 원소의 아원자 구조에 있다는 것을 이해하게 되었다. 핵 안의 전자들은 '껍질$_{shell}$'이라고 불리는 층에 배열되어 있다. 이 층은 '에너지 준위'라고도 한다. 각 준위에는 전자가 들어갈 수 있는 자리가 있는데 그 수가 한정되어 있어서 첫 번째 준위에는 두 자리, 두 번째, 세 번째 준위에는 각각 8개의 자리가 있다.

원자 번호가 커질수록 이 자리들이 하나씩 채워져 나간다. 주기율표에서 같은 족에 속하는 원소들은 가장 바깥쪽 껍질 또는 원자가 껍질에 같은 수의 전자를 갖는다. 바로 이 껍질에 있는 전자의 수와 배치가 원자의 화학적 성질을 결정한다. 화학 반응이 일어날 때 서로 다른 원자들이 전자를 교환하고, 그 원자들로 구성된 분자의 구조가 달라진다. 가장 바깥쪽 껍질에 전자가 가득 채워진 원소들은 (헬륨, 네온, 아르곤과 같은 기체) 매우 안정적이어서 반응성이 낮지만 바깥 껍질이 다 채워지지 않은 다른 원소들은 반응성이 높다.

전자의 수가 같더라도 다르게 배치되면 원자들의 결합 방식이 달라진다는 점도 중요하다. 탄소는 결합 구조에 따라 다이아몬드나 흑연이 될 수도 있고, 그저 촛불의 그을음이 될 수도 있다. 이들은 모두 탄소라는 같은 원소로 구성되어 있지만 모양과 성질이 다른 '동소체$_{\text{allotrope}}$'이다. 이에 대한 내용은 뒤에서 살펴볼 것이다.

만물의 화학적 구조에 대하여 현재 우리가 알고 있는 지식은 멘델레예프의 주기율표에 뿌리를 두고 있다. 이론적 도구로 사용된 주기율표는 아원자 입자들의 놀라운 미시 세계로 들어가게 해 준 열쇠 중 하나였다. 하지만 이 획기적인 발견도 원자론이 발전하여 19세기에 널리 인정받았기에 가능한 일이었다.

존 돌턴은 19세기 초의 뛰어난 아마추어 과학자였다. 영국 국교를 믿지 않고 퀘이커 교도였던 탓에 많은 대학으로부터 입학 허가를 받지 못했다. 대신 그는 시각장애를 가진 철학자 존 고프 밑에서 교육을 받았다. 경제적인 이유로 맨체스터의 '뉴칼리지'를 떠나야 했지만 혼자서 연구를 계속했다. 그의 연구는 기상 예측, 기체의 이동 방식 및 색맹에 관한 오늘날의 지식에 많은 기여를 했다.

하지만 돌턴이 우리에게 남겨준 가장 중요한 유산은 바로 '원자론'이다. 그는 '원소들이 예측 가능하고 규칙적인 방식으로 서로 결합한다'(예를 들어 화합물은 구성 원소들이 일정한 비율로 결합하여 만들어진다)는 사실에 대해 깊이 연구하다가 처음으로 '원자량_{atomic weight}'이라는 개념을 제시했다. 1810년에는 수소와 산소, 질소, 탄소, 황, 인의 원자량을 발표했다.

같은 원소는 같은 원자로 이루어져 있고 동일한 질량을 갖는다는 돌턴의 통찰력은 이후 수십 년 동안 화학 발전의 토대를 다졌으며 멘델레예프의 주기율표를 낳는 바탕이 되었다.

지금까지 우리는 주기율표와 원자론이 어떻게 발달했고 어떤 의미를 갖는지에 대해 알아보았다. 이제부터는 118개 각 원소의 기본적인 성질과 발견에 얽힌 이야기들을 원자 번호 순으로 하나씩 살펴보자.

| 차례 |

란타넘족 원소

원자 번호 72-94

원자 번호 95-118

원 자 번 호

1~56

PERIODIC TABLE OF THE ELEMENTS

1 수소 Hydrogen

1	○ 화학 계열 **비금속**	○ 녹는점 **-259°C**
H	○ 원자 번호 **1**	○ 끓는점 **-253°C**
1.008 Hydrogen	○ 색 **무색**	○ 발견된 해 **1766년**

수소는 아주 간단한 원자다. 양성자가 하나뿐인 핵과 전자 하나로 구성되어 있다. 수소는 빅뱅 이후 가장 먼저 만들어진 원소로 우주에 가장 많이 남아 있다. 비록 아주 많은 항성에서 연소되어 헬륨으로 융합되었지만 여전히 수소는 우리가 관측할 수 있는 우주의 75%를 차지하고 있다. 게다가 다른 원소에 비해 화합물 속에서 더 많이 발견된다.

아주 가볍고 색이 없으며 불에 잘 타는 이 기체는 지구에서 수소 원자 2개와 산소 원자 1개가 결합된 물$_{H_2O}$의 형태로 풍부하게 존재한다. 이때 물 분자 사이에 수소 결합이 형성되기 때문에 물의 끓는점이 높아서 상온에서 액체 상태로 존재한다. 반면 낮은 온도에서는 수소 결합이 재배열되어 육각형 구조를 이루기 때문에 수소와 산소 사이의 거리가 멀어진다. 대부분의 물질은 액체 상태보다 고체 상태일 때 밀도가 더 높다. 하지만 고체인 얼음은 육각형 결정 구조 때문에 액체인 물보다 밀도가 더 낮다. 이것이 빙하가 물 위에 뜨는 이유다.

수소는 탄소와도 결합하여 탄화수소를 형성하는데 석탄, 원유, 천연가스와 같은 화석 연료가 탄화수소 화합물에 속한다. 수소는 불이 매우 잘 붙는다. 양초가 잘 타는 이유는 기름이나 수지에서 나온 수소가 산소와 만나 연소하기 때문이다. 만약 수소가 없다면 어떻게 될까? 태양에서 끊임없이 일어나는 핵융합으로 인해 발생하는 햇빛과 열기를 우리는 얻지 못하게 될 것이다.

16세기에 활동했던 연금술사 파라셀수스는 금속이 강산에 녹을 때 가연성 기체 거품이 발생하는 것을 처음으로 발견했다(영국 학교에서는 금속Metals과 산Acids이 반응하면 염Salts과 수소Hydrogen가 발생한다는 것을 쉽게 기억할 수 있도록 MASH를 연상하라고 가르친다). 1671년, 로버트 보일도 염소와 수소의 화합물인 염산과 철가루가 서로 반응할 때 같은 현상이 일어나는 것을 관찰했다. 거의 1세기가 지난 1766년, 헨리 캐번디시는 이 가연성 기체가 별개의 원소라는 것을 알아냈고 플로지스톤phlogiston이라는 이름을 붙였다. 1781년에 캐번디시는 이 가스가 연소할 때 물이 만들어진다는 것을 발견하였고, 이 기체와 결합하고 있는 산소를 '탈플로지스톤 공기'라고 했다. 이후 1783년에 프랑스 화학자 앙투안 라부아지에가 그리스어로 '물hydro을 생성하는 것gennao'을 의미하는 수소hydrogen라고 명명하여 지금과 같은 이름을 가지게 되었다.

수소는 매우 가볍기 때문에 공기 중에서 순수한 형태로 발견되지 않는다. 대부분의 수소는 공기 중에서 떠다니다

플로지스톤, 쓸모없는 이야기

캐번디시를 착각하게 만들었던 플로지스톤설은 모든 가연성 물질들이 불과 같은 원소를 포함하고 있다는 가설이다. 물론 지금 그렇게 생각하는 사람은 아무도 없다. 플로지스톤은 고대 그리스어로 '불꽃'을 뜻한다. 이 이론에 따르면 플로지스톤을 포함하고 있는 물질이 연소하면 플로지스톤이 점점 없어진다. 이 이론이 흔들리기 시작한 건 몇몇 금속이 연소할 때 무게가 줄어들기는커녕 오히려 무게가 증가한다는 사실이 밝혀졌을 때부터였다. 그 후 라부아지에가 밀폐 용기를 이용해 연소 실험을 하여 플로지스톤설이 틀렸음을 어느 정도 증명했다. 연소 반응에 기체(산소)가 필요하고 연소 전후로 기체를 포함한 모든 질량을 측정한 결과, 질량 변화가 없음을 보였던 것이다.

가 대기를 벗어나기도 한다. 수소는 산소나 질소보다 훨씬 가볍기 때문에 열기구를 채우는 가스로 제일 먼저 사용되었으며 비행선(경식 열기구)의 연료로도 사용되었다. 하지만 1937년 LZ 129 힌덴부르크 비행선이 거대한 불길을 일으키며 폭발하면서 동시에 비행선(또는 체펠린형 비행선) 여행의 인기도 함께 사그라들었다.

하지만 수소는 일부 나사NASA 로켓의 연료로 사용된다. 예를 들어 우주 왕복선의 주엔진은 액체 수소와 순수한 산소를 연소하여 추진력을 얻는다. 수소는 미래의 청정 연료로 주목받고 있다. 수소로 자동차의 화석 연료를 직접 대체하거나 수증기만 배출하는 연료 전지를 만들 수 있다. 하지만 아직 해결해야 할 문제가 많다. 수소는 불이 쉽게 붙기 때문에 대량으로 저장하는 것은 상당히 위험할 수 있다. 수소는 탄화수소를 정제해 얻을 수 있는데 이 과정에서 온실가스가 많이 발생한다. 물을 전기 분해하여 얻는 방법도 있지만 이 경우에도 화석 연료가 사용된다.

이 외에도 수소는 다양한 곳에서 쓰인다. 비료용 암모니아를 생산하고, 플라스틱과 약품 생산에 사용하는 시클로헥산과 메탄올 같은 화합물을 만들 수 있다. 또한 마가린, 유리, 실리콘 부품과 같은 다양한 제품의 제조 과정에서도 수소를 사용한다.

² 헬륨 Helium

2 **He** 4.002602 Helium	○ 화학 계열 **비활성 기체**	○ 녹는점 **-272°C**
	○ 원자 번호 **2**	○ 끓는점 **-269°C**
	○ 색 **무색**	○ 발견된 해 **1895년**

우주에서 수소를 제외하고 나면 남는 것은 거의 모두 헬륨이다. 다른 원소들은 가장 가볍고 간단한 원소인 수소와 헬륨보다도 훨씬 무거운데도 고작 우주 질량의 약 2%만을 차지할 뿐이다.

헬륨은 지구에서 쉽게 발견하기 어렵다. 사실 1895년까지는 헬륨이 존재한다는 사실조차도 몰랐다. 비활성 기체인 헬륨은 반응성이 두 번째로 낮은 원소다. 수소와 달리 화합물에서 널리 존재하지 않는다. 수소와 마찬가지로 순수한 헬륨은 공기보다 가벼워서 지구 대기를 쉽게 벗어날 수 있다. 헬륨은 보통 천연가스 채굴 과정에서 부산물로 얻어지는데, 땅 속에 매장된 토륨과 우라늄 같은 방사성 원소가 붕괴할 때 헬륨이 만들어지기 때문이다.

헬륨은 태양 질량의 약 24%를 차지한다. 온도가 아주 높은 태양 중심부에서 수소의 핵융합 반응이 일어나 헬륨이 만들어진다. 핵융합 반응은 엄청난 양의 에너지를 발생시키기 때문에 미래의 에너지 수요를 책임질 수 있는 해법이 될 수 있다. 이 에너지는 고갈되지 않고 환경친화적이지만, 지구상에서 핵융합 과정을 재현하려면 수십 년도 더 지나야 할 것이다.

원소를 발견하는 여러 가지 방법 중 하나는 분광기를 사용하는 것이다. 분광기는 원소마다 다른 불꽃색을 분석해 일종의 '원소의 지문'을 만든다. 이때 빛은 연속적인 스펙트럼으로 나타나지 않고 일련의 색띠로 분산되어 나타난다. 1868년 일식이 일어났을 때, 프랑스의 쥘 얀센과 영국의 노먼 로키어라는 천문학자가 각자 태양 스펙트럼에서 이미 알려진 원소와 일치하지 않는 선들을 발견했다. 로키어는 아직 알려지지 않은 이 원소의 이름을 그리스의 태양신 헬리오스의 이름을 따 헬륨이라고 명명할 것을 제안했다. 헬륨Helium이 이움-ium으로 끝나는 것으로 볼 때, 로키어가 헬륨을 일종의 금속이라고 추측했음을 알 수 있다. 그래서 헬륨은 금속을 뜻하는 접미사를 가진 유일한 비금속 원소가 되었다. 하지만 로키어의 발견 이후 수십 년간 헬륨이 존재한다는 증거가 더 이상 나오지 않았다.

하지만 1895년에 로키어의 체면을 살려줄 사건이 발생했다. 화학자 윌리엄 램지가 우라늄 광물을 산으로 처리했을 때 뿜어져 나온 기체에서 헬륨을 발견했다. 산으로 광물 표면을 용해시켰을 때 이미 광물 안에 있던 헬륨이 기체 형태로 방출되었던 것이다(램지는 스펙트럼 분석을 통해 이

미키마우스처럼!

헬륨이 미국 천연가스 매장지에서 발견된 이후, 1915년 텍사스에 첫 번째 헬륨 생산 공장이 세워졌다(이 공장에서 생산된 헬륨은 군대에 방공 기구용으로 공급되었다). 1919년부터 미국 해군은 심해 잠수사들이 겪는 질소 중독 증상(잠수병)을 해결하기 위해 기체 혼합물로 실험과 연구를 했다. 1925년 실험 기록에 따르면, 헬륨-산소 혼합물을 들이마신 잠수사들의 목소리가 이상하게 변해 의사소통에 어려움이 있음을 불평했다고한다. 그렇게 삑삑대는 우스꽝스러운 목소리가 나오는 건 공기보다 가벼운 기체 안에서 음파가 더 빠르게 이동하기 때문이다. 이후 헬륨은 여러 곳에서 생산되어 헬륨 풍선에 쓰였다. 어린 아이들은 헬륨 풍선 속 헬륨을 들이마시면 목소리가 변한다는 것을 어떻게 알았는지 미키마우스 목소리를 내며 장난을 친다.

기체가 헬륨임을 증명했다).

헬륨은 끓는점이 가장 낮기 때문에 다른 물질들을 과냉각하는 데 사용할 수 있다. 과냉각이란 물질의 온도를 어는점 이하로 낮추어도 물질의 상태는 액체 상태로 유지되는 과정을 말한다. 헬륨은 대형 강입자 가속기LHC와 MRI 스캐너의 초전도 자석에도 사용되고, 나사NASA 로켓에 사용되는 액체 수소를 냉각시킬 때도 사용된다. 일부 자동차 에어백에도 헬륨이 들어 있다. 에어백이 터져 압력이 해제될 때 헬륨이 매우 빠르게 확산하기 때문인데 질소와 아르곤도 비슷한 용도로 사용된다.

이제 헬륨 수급 부족 문제를 고민해야 할 때다. 1990년대에 미국의 헬륨 비축분이 민영화된 이후로 시장 가격이 많이 낮아졌지만, 헬륨은 그 양이 한정되어 있다. 한번 사용한 헬륨이 다시 보충되는 데에는 시간이 아주 오래 걸린다. 그러므로 헬륨 풍선을 갖고 노는 것이 아무리 재미있더라도 그 풍선에서 나온 헬륨이 대기 밖으로 날아가 버릴 수 있다는 것을 꼭 마음에 새겨야 한다. 우리는 헬륨을 무분별하게 사용하는 것에 대해 경각심을 가져야 한다.

^{3} 리튬 Lithium

3	○ 화학 계열 **알칼리 금속**	○ 녹는점 181°C
Li	○ 원자 번호 **3**	○ 끓는점 **1,342°C**
6.94 Lithium	○ 색 **은백색**	○ 발견된 해 **1817년**

　과학자들은 빅뱅이 일어났을 당시 바로 만들어진 원소가 수소와 헬륨 이외에는 금속 리튬이 유일했다고 생각한다. 그렇지만 수소와 헬륨에 비해 그 양은 훨씬 적었을 것으로 본다.

　리튬은 1800년에 페탈라이트에서 처음으로 발견되었다. 페탈라이트 광석은 하얗거나 투명해서 보석으로 가공된다. 하지만 1817년이 돼서야 화학자 요한 아우구스트 아르프베드손이 페탈라이트에 새로운 원소가 들어 있음을 알아내었다. 그는 그 원소에 '돌'을 의미하는 그리스어 리토스lithos에서 딴 이름을 붙였다. 포타슘이나 소듐 같은 다른 알칼리 금속이 풀이나 나무의 재, 동물의 혈액 같은 유기물에서 최초로 발견된 것과 달리, 리튬은 광석에서 발견되었기 때문이다. 1821년, 윌리엄 토마스 브랜디는 산화리튬을 전기 분해해 순수한 리튬을 분리했다. 리튬은 무르고 은백색을 띤다. 또한 금속 중 밀도가 가장 낮고 물과 만나면 아주 격렬하게 반응한다.

리튬은 반응성이 크기 때문에 등유 속에 보관해야 부식을 방지할 수 있다. 또 이런 반응성 때문에 자연에서 금속의 형태로 발견하기 어렵다. 리튬은 다양한 종류의 화성암에서 아주 적은 양이 존재하거나 광천수에 용해되어 있다.

2세기에 에페소 출신의 내과의사 소라누스는 조울증 치료를 위해 마을의 샘에서 나오는 알칼리성 물을 처방했다.

.

세븐업 사이다의 비밀

대부분의 사람들이 초기에 만들어진 코카콜라에 코카인이 들어 있었다는 사실을 알고 있다. 하지만 제일 처음 생산된 세븐업에 조울증 치료제인 구연산 리튬이 들어 있었다는 사실을 아는 사람은 얼마나 될까? 찰스 라이퍼 그리그가 설립한 하우디사는 1920년에 '빕-레이블 리티에이티드 레몬-라임 소다'라 불리는 새로운 탄산음료를 출시했다. 그 이름은 결국 '세븐업'이라는 짧은 이름으로 바뀌어 지금까지 생산되고 있다. 음료에 리튬을 넣는 것은 1948년에 법으로 금지되었다.

.

지금은 그 샘에 리튬이 함유되어 있다는 사실이 알려졌지만, 당시 소라누스는 자신도 모르게 리튬을 약으로 사용한 셈이다. 19세기 이후로 탄산리튬은 의약품으로 사용되며 다양한 효과를 나타냈다. 특히 1940년대부터는 리튬의 부작용과 잠재적 독성에 대한 논란이 다소 있었음에도 양극성 장애 치료에 사용되었다.

리튬은 알루미늄 합금이나 마그네슘 합금으로도 사용되며, 리튬이 첨가되면 합금이 강하고 가벼워진다. 이를 이용해 비행기, 자전거, 기차를 만들면 무게가 더 가벼워지기 때문에 더 빠른 속도로 달릴 수 있다. 그리고 리튬 화합물은 리튬 배터리의 음극에 사용되고, 이 배터리는 일반적인 배터리보다 훨씬 더 오래 간다.

^{4} 베릴륨 Beryllium

4 **Be** 9.0121831 Beryllium	○ 화학 계열 **알칼리 토금속**	○ 녹는점 **1,287°C**
	○ 원자 번호 **4**	○ 끓는점 **2,469°C**
	○ 색 **은백색**	○ 발견된 해 **1798년**

　베릴륨에 대해 전혀 모르던 시절에도 이미 사람들은 이 희귀한 금속을 함유하고 있는 광물인 베릴(녹주석)을 선호했다. 베릴(학명: 베릴륨알루미늄실리케이트)은 다양하고 아름다운 반보석으로 만들어지며 아콰마린, 헬리오도르, 에메랄드 등이 베릴에 속한다. 에메랄드가 매력적인 선녹색을 띠는 건 미량의 크로뮴이나 바나듐이 들어 있기 때문이다. 고대 이집트인과 켈트족, 로마인들은 모두 에메랄드를 아주 귀한 보석으로 여겼다. 당시에는 에메랄드가 중부 유럽이나 인도 아대륙에서 발견되었지만, 후에는 남아메리카와 아프리카에서도 발견되었다.

　18세기 들어 프랑스의 사제이자 광물학자인 르네 쥐스트 아위는 화학자 루이 니콜라 보클랭에게 베릴의 화학 성분에 알려지지 않은 원소가 들어 있는지 물어보았다. 1798

년에 보클랭은 새로운 금속 원소가 들어 있다는 것을 확인
했고, 그 금속 화합물 중 일부에서 단맛이 난다는 것을 알
았다. 그래서 보클랭은 '달다'라는 뜻의 그리스어glykys에서
이름을 따 그 금속을 글루시늄glucinium이라고 발표했다. 하
지만 이미 베릴에서 파생된 베릴륨이 더 널리 알려졌기 때
문에 그대로 베릴륨으로 부르게 되었다.

베릴륨이 발견된 이후로 프랑스와 독일의 화학자가 각
각 포타슘과 염화베릴륨을 반응시켜 베릴륨 금속을 얻기
까지 무려 30년이 걸렸다. 베릴륨은 무르고 밀도가 낮은
은백색의 금속이다. 흔한 금속은 아니지만 빅뱅 이후에 생

겼고, 초신성 폭발에서만 만들어질 뿐 항성에서는 형성되지 않는다.

베릴륨에는 몇 가지 독특한 특성이 있다. 제임스 채드윅은 베릴륨에 X-선을 통과시켰을 때 중성자가 방출된다는 사실을 발견하여 1935년에 노벨상을 수상했다. 이런 특성으로 인해 베릴륨 포일은 반도체를 만드는 기술인 X-선 리소그래피에 사용되고, 베릴륨은 X-선 관 창, 우주 망원경, 핵탄두에 사용된다. 이때 핵탄두 안에서 베릴륨은 중성자를 방사하여 우라늄에 충격을 가하는 역할을 한다. 이 외에도 구리나 니켈과 함께 합금을 만들면 열전도율과 전기 전도율이 증가하기 때문에 자이로스코프, 전극, 스프링 등을 만들 때 사용되고, 항공기와 위성을 만드는 데 필요한 합금을 만들 때에도 쓰인다.

붕소 Boron

5 **B** 10.81 Boron	○ 화학 계열 **준금속**	○ 녹는점 **2,076°C**	
	○ 원자 번호 **5**	○ 끓는점 **3,927°C**	
	○ 색 **다양함**	○ 발견된 해 **1808년**	

　베릴을 사용하면서도 베릴륨의 존재를 몰랐던 것처럼 붕소의 경우도 사람들은 수세기 동안 붕소 화합물 중 하나인 붕사에 대해서만 알고 있었다. 붕사는 소듐보레이트, 소듐테트라보레이트, 디소듐테트라보레이트라고도 불린다. 붕사는 붕산염 광물로 무르고 하얀 결정 형태이며, 물에 넣으면 용해된다. 역사적으로 붕사는 세제, 화장품, 난연제, 방충제로 쓰였고, 고대 금세공인들은 작업을 용이하게 하기 위해 금속에 첨가하는 물질인 플럭스flux로 사용했다. 붕사는 14세기 영국 작가 제프리 초서의 운문 설화『캔터베리 이야기』에서도 언급되고, 엘리자베스 여왕 시대에는 달걀 껍데기, 오일과 함께 섞어 당시에 유행하는 흰색 파운데이션을 만들어 얼굴에 발랐다.

　중세 시대에 붕사는 티베트 호수의 결정화된 침전물에

서만 생산되었다. 그 붕사는 실크로드를 따라 아라비안 반도를 거쳐 유럽에서까지 거래되었다. 19세기에 들어서 침전물이 많은 지역, 특히 캘리포니아와 네바다 사막에서 발견된 이후 붕사는 더 널리 사용되었다. 붕사 채굴회사 퍼시픽 코스트 보렉스 컴퍼니는 붕사를 사막에서 대량으로 운반했고, 그 운송 방법의 이름을 따 '20 뮬 팀 보렉스(20마리의 노새가 옮긴 붕사)'라는 세제를 판매했다.

1732년, 프랑스 화학자 클로드 프랑수아 조프루아는 붕사를 황산으로 처리해 붕산을 만든 다음, 알코올을 첨가하여 불을 붙이면 독특한 녹색 불꽃이 나타나는 것을 발견했다. 이 실험은 붕소가 존재한다는 증거를 보여 주었고, 이후부터 붕사의 존재를 확인하는 기본 방식이 되었다. 그리고 데스밸리에서 붕소가 섞인 침전물을 발견하는 데 결정적인 역할을 했다.

1808년, 프랑스에서는 화학자 조셉 루이 게이-뤼삭과 루이-자크 테나르, 영국에서는 험프리 데이비가 각자 붕사를 포타슘 금속과 함께 가열하여 가까스로 붕소를 추출했다. 비록 순수한 붕소는 아니었지만, 붕소가 유용한 화학적 특성을 많이 갖고 있는 갈색 비결정 고체임을 알 수 있었다. 순수한 붕소는 1909년에 미국의 에제키엘 와인트라우브가 분리했다.

생명체의 필수 원소, 붕소

붕소가 지구에서는 오래된 암석 속에 일부 존재하지만, 화성 운석에는 순수한 준금속 형태로 많이 존재한다. 그럼에도 불구하고 붕소는 지구 생명체의 존속에 중요한 역할을 한다. 붕소는 DNA의 발달에 중요한 역할을 하는 리보오스를 안정시킨다. 또한 붕소는 식물의 줄기 세포 형성에 필수불가결한 원소이기 때문에 토양에 붕소를 비롯한 미량의 원소가 없다면 식물은 더 이상 성장하지 못한다.

⁶ 탄소 Carbon

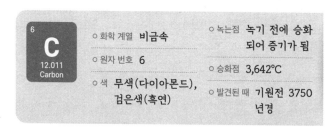

6 **C** 12.011 Carbon	○ 화학 계열 **비금속**	○ 녹는점 **녹기 전에 승화되어 증기가 됨**
	○ 원자 번호 **6**	○ 승화점 **3,642℃**
	○ 색 **무색(다이아몬드), 검은색(흑연)**	○ 발견된 때 **기원전 3750 년경**

지구상의 모든 생명체는 탄소를 기반으로 한다. 탄소화합물로 이루어지지 않은 또 다른 생명체가 있는지에 대해서는 아직 확실하게 알려져 있지 않다. 탄소의 원자가는 4이다. 이는 다른 원자 4개와 단번에 결합할 수 있다는 뜻이다. 그래서 2천만 개나 되는 다양한 화합물을 만들 수 있으며, 다양한 길이의 사슬을 형성한다.

19세기 초까지 사람들은 단백질이나 탄수화물과 같은 화학 물질뿐 아니라 생물에는 '생명의 불꽃'이 들어 있으며, 그렇기 때문에 무기물과 완전히 다른 존재라고 생각했다. 그 후 1828년에 동물의 소변에서 요소 결정체가 발견되었다. 요소 결정체는 실험실에서 합성될 수 있었으므로, 이를 통해 유기물과 무기물 사이에 근본적인 차이점이 없다는 것이 증명되었다.

탄소 순환 과정은 다음과 같다. 식물과 플랑크톤은 광합성photosynthesis을 통해 이산화탄소로부터 탄소를 흡수하고, 산소를 배출한다. 동시에 수소는 탄소와 결합하여 탄수화물을 만든다. 이 탄수화물은 질소, 인 및 기타 원소들과 결합하여 DNA와 아미노산을 구성하는 염기와 당 등 생명에 필요한 분자를 만든다. 사람과 같이 광합성을 하지 않는 종이 세포 조직에 필요한 탄소를 얻으려면 다른 식물이나 동물을 섭취해야 한다. 인간과 같은 종이 호흡을 통해 이산화탄소를 배출하거나 생물이 죽어 부패되는 과정에서 이산화탄소가 방출되면 탄소는 순환 과정의 첫 단계로 돌아간다.

탄소는 인체에 여러 형태로 필요하다는 점을 제외하더라도 매우 중요하다. 탄소가 갖고 있는 대단히 흥미로운 점 중 하나는 순수한 탄소로 구성된 동소체(같은 원소로 이루어졌으나 성질이 다른 물질-옮긴이)들이 서로 매우 다르다는 것이다. 탄소는 천연에서 세 가지 동소체가 만들어진다. 약 6000년 전 고대 이집트 시대부터 알려진 이 세 동소체는 바로 다이아몬드, 무연탄(석탄의 일종), 흑연이다. 이 세 가지 물질의 근본적인 차이점은 원자 구조다. 다이아몬드는 투명하고 상당히 강한 반면, 흑연은 검고 무르다. 그런데 어떻게 이들이 같은 물질일 수 있을까?

이는 대부분의 고체가 내부 구조에 '결정격자_{crystal lattice}'
를 가지고 있기 때문이다. 그 고체의 원자들은 일정한 결
합 방식에 따라 3차원 구조가 반복적으로 배열되어 결정
격자를 형성한다. 다이아몬드 원자들은 3차원 사면체(삼각
형 4개로 이루어진 입체 도형) 구조로 단단하게 배열되어 있다.
반면 흑연의 원자들은 똑같이 단단하게 결합되어 있지만,
판 모양의 2차원 층을 이루며 위아래 층이 서로 약하게 연
결되어 있다. 그래서 흑연은 무르게 느껴진다. 이런 원자
결합 구조의 차이 때문에 동소체들은 서로 다른 모습으로
나타난다.

다이아몬드와 다른 유형의 탄소 사이에 어떤 관련이 있
을 것이라고는 수천 년 동안 그 누구도 생각하지 못했다.
17세기에 두 피렌체의 과학자(주세페 아베라니, 치프리아노 타
르지오니)들이 커다란 확대경을 이용해 태양열을 다이아몬
드에 집중시키면 다이아몬드를 파괴시킬 수 있다는 사실
을 발견했다. 1796년에는 영국의 화학자 스미슨 테넌트가
다이아몬드가 탄소의 한 종류임을 증명하여 세상을 깜짝
놀라게 만들었다. 그는 다이아몬드를 태웠을 때 이산화탄
소만 발생하는 것을 보여 줌으로써 증명에 성공했다.

탄소는 수소와 강하게 결합하여 사슬 모양 탄화수소를
이룬다. 화석 연료의 주성분인 탄화수소는 플라스틱, 탄화

수소 중합체, 여러 섬유의 주성분이 되거나 용제와 페인트를 만드는 데 쓰인다. 지구 온난화는 화석 연료가 연소할 때 발생하는 이산화탄소의 증가로 인해 발생하는데, 이는 지속가능한 대체 에너지원을 훨씬 더 많이 이용할 수 있을 때까지 계속 문제가 될 것이다.

탄소는 여러 제조 공정에서 중요한 역할을 한다. 숯이나 코크스는 철을 강철로 만드는 데 사용되고 흑연은 연필이나 전동 브러쉬, 용광로 내벽에 사용된다. 다이아몬드는 단단한 성질을 이용해 암석을 자르거나 구멍을 뚫는 데 사용된다. 탄소섬유는 강도가 높고 가벼워서 낚싯대, 테니스 라켓에 쓰일뿐 아니라 비행기와 로켓의 부품 및 차량 외장에도 사용된다.

최근 몇 년간 과학자들은 탄소로 새롭고 특이한 동소체를 만드는 방법을 발견했다. 그 동소체들은 놀라운 특성을 갖고 있다. 1985년에 발견된 풀러렌fullerene은 탄소 원자로 만들어져 있고 속이 빈 구조이다. 풀러렌의 한 종류인 '버키볼buckyball'은 60개의 탄소 원자로 구성된 속이 빈 공처럼 생겼다. 1991년에 발견된 나노 튜브는 지름이 1나노미터(0.000001mm)인 얇은 튜브로 탄소 원자 시트가 둥글게 말린 모양이다.

지금까지 발견된 동소체 중 가장 놀라운 것은 미래의 신

소재로 널리 알려진 그래핀graphene일 것이다. 흑연은 거시적으로 보면 부드럽지만 각 층을 이루는 판은 엄청나게 단단하다. 과학자들은 1960년대 이래로 매우 가볍지만 꽤 강하고 유연한 2차원 탄소 소재를 만들 수 있을 것이라고 생각했다. 2004년, 마침내 그래핀이라고 알려진 특이한 물질이 탄생했다. 그래핀은 전기 회로, 고효율 태양 전지, 경량 항공기, 인텔리전트 슈(경보경기에서 운동화에 부착하는 전자감응장치-옮긴이), 뇌-컴퓨터 인터페이스 기능을 하는 신형 신경 임플란트 등에 사용된다.

탄소를 이용한 신소재 개발은 계속 진행 중에 있으며 앞으로 놀라운 물질이 더 많이 등장할 것이다.

7 질소 Nitrogen

7 **N** 14.007 Nitrogen	○ 화학 계열 **비금속**	○ 녹는점 **−210°C**
	○ 원자 번호 **7**	○ 끓는점 **−196°C**
	○ 색 **무색**	○ 발견된 해 **1772년**

　질소는 지구 대기의 78%를 차지하는 기체로 에어백에서부터 스프레이식 크림, 병원에서 사용되는 '웃음 가스'에 이르기까지 다양한 방식으로 이용되고 있다. 하지만 약 250년 동안 우리는 질소가 따로 존재한다고만 생각했다.

　18세기 과학자들은 우리가 호흡하는 공기가 어떻게 조성되어 있는지에 큰 관심을 가지게 되었다. 스코틀랜드 화학자 조지프 블랙은 1750년대에 이산화탄소를 분리했다. 그는 석회암 같은 광물에서 산 처리를 통해 이산화탄소를 분리했기 때문에 이산화탄소를 '고정 공기'라고 불렀다. 하지만 이산화탄소는 '유독하다'는 의미에서 '해로운 공기'로도 알려져 있다. 동물들이 이산화탄소로 채워진 공간에 있을 때 숨 막히는 느낌을 받았기 때문이다. 밀폐된 공간에서 산소를 모두 태우는 경우에도 비슷한 결과가 나왔다.

산소가 다 타고 난 공간에 남는 기체도 동물들을 질식하게 만들었는데, 이는 (산소가 없는 공기에서 이산화탄소는 물론이고) 질소에서 비롯된 것이었다.

헨리 캐번디시가 이 유독성 기체를 연구하는 과정에서 처음으로 질소를 발견했지만, 질소를 발견한 공은 거의 모두 블랙의 학생인 다니엘 러더퍼드에게 돌아갔다. 러더퍼드 역시 비슷한 실험을 하고 1772년에 자신의 연구 결과를 발표했다. 꼼꼼하고 약간 강박적이기까지 했던 캐번디시는 공기의 성분을 분리하는 실험을 수도 없이 반복했다. 먼저 그는 가열된 숯 위로 공기를 통과시켜 산소를 이산화탄소로 변환시켰다. 그런 다음 알칼리 용액을 이용해 이산화탄소를 용해시켰다. 실험 결과, 하나의 기체가 분리되었다. 그 기체의 주성분은 나중에 질소nitrogen(니트레-발생자 nitre-forming)라는 이름으로 불리게 되었다. 그 기체로 초기 화약의 주성분이었던 질산포타슘potassium nitrate(초석saltpetre, nitre라고도 한다)을 만들었기 때문이다.

질소는 폭발물 개발에 중요한 역할을 했다. 글리세린과 질산을 반응시켜 만든 니트로글리세린은 충격을 받을 때 폭발하는 액체다. 알프레드 노벨은 니트로글리세린을 퇴적암 '규조토'에 흡수시키는 방법을 발견하여 안전한 폭발물인 다이너마이트를 발명했다.

질소의 폭발성을 이용하여 아지드화소듐을 채운 자동차 에어백이 만들어졌다. 소듐과 질소로 이루어진 아지드화소듐은 불꽃에 의해 폭발이 촉발되어 질소 기체와 소듐 금속으로 분해된다. 이때 발생한 질소는 에어백을 빠르게 부풀린다.

질소는 작은 과일 조각을 얼릴 때에도 사용할 수 있다. 급속 냉동을 할 때 액체 질소를 사용하는데, 질소로 얼린 바나나를 망치로 때려 산산조각을 내는 영상은 인터넷에서 쉽게 찾아볼 수 있다. 질소는 과일을 저장하는 데 이용된다. 과일을 냉장 보관하지 않고 질소 박스에 밀봉한다면, 산소로 인한 부패 과정이 진행되지 않아 최대 2년까지 신선도가 유지될 것이다.

질소는 맥주 캔 안에서 거품을 만드는 위젯(기네스 캔 맥주 안에 들어 있는 플라스틱 공-옮긴이)에도 사용된다. 작은 구멍이 있는 그 공에 질소를 담아 캔 안에 집어넣는다. 그런 다음 소량의 액체 질소를 압축 과정을 통해 맥주에 주입한다. 캔을 밀봉하면 내부의 압력이 더 강해져서 맥주에 첨가되었던 질소가 압축되어 위젯 안으로 밀려들어간다. 캔을 따면 압력이 낮아져 위젯 안의 질소 가스가 맥주 속으로 터져 나온다. 스프레이식 크림에도 압축된 질소가 필요하다. 이 경우에는 '웃음 가스'로 알려진 아산화질소가 크림 속에 흡수되고 그 크림은 캔 안에서 압축된다. 스프레이를 눌러 일시적으로 크림을 누르던 힘이 해제되면, 캔 내부의 압력이 크림을 밖으로 밀어낸다.

녹색 식물과 조류는 질산염을 흡수하고 질산염은 단백질 합성에 기여하는 아미노산과 DNA의 형성을 돕는다. 따라서 질소는 살아있는 유기체에게도 매우 필요한 원소다. 동물들은 먹이를 통해 질소를 흡수하고, 질소는 다시 대기 중으로 방출된다. 그런 다음 토양 속 미생물과 박테리아가 질소를 다시 질산염으로 변환시킨다. 이 과정은 질소와 수소 화합물인 암모니아로 만든 화학 비료를 섞어주면 촉진될 수 있다.

산소 Oxygen

8 **O** 15.999 Oxygen	○ 화학 계열 **비금속**	○ 녹는점 **-219°C**
	○ 원자 번호 **8**	○ 끓는점 **-183°C**
	○ 색 **무색**	○ 발견된 때 **1770년대**

탄소와 더불어 산소는 지구에 살고 있는 생명체를 구성하는 중요한 원소다. 우리는 숨을 들이마시며 산소를 흡수하고 내쉬며 이산화탄소를 방출한다. 우리의 뇌, DNA, 세포, 수많은 체내 분자들은 산소가 필요하고, 산소는 대부분 물, 즉 H_2O의 형태로 우리 체중의 약 60%를 차지한다.

산소가 우주에서 세 번째로 풍부한 원소인데도 우리 지구에 산소가 풍부하게 존재하는 것은 우연같은 일이었다. 몸집이 큰 동물들이 살기 전에 식물과 시아노박테리아(남색세균)는 태양 에너지를 이용해 이산화탄소를 흡수하고 산소를 방출했다. 산소는 반응성이 매우 크기 때문에 대부분 다른 원소와 반응하여 화합물을 형성했다. 예를 들어 지구 암석 질량의 46%는 산소다. 작은 모래는 사실 이산화규소이며, 우리가 추출하는 많은 금속들은 산화물에서 나온다. 예를 들어 철은 주로 적철석에서 나오고, 알루미늄은 보크사이트에서 나온다. 석회석 같은 탄산염에도 산소가 들어 있다.

게다가 대기로 배출된 산소는 점진적으로 약 21%까지 늘어났고 지구는 사람이 살 수 있는 환경으로 바뀌었다. 물에 녹아 있는 산소는 물속에 사는 다양한 종들을 발달시켰으며, 시간이 흐른 후 그 생물들이 땅 위로 올라와 진화했다.

15세기에 레오나르도 다빈치는 공기가 없는 곳에서 양초가 타지 않는 것을 발견하고, 공기 안에 생기를 주는 무언가가 들어 있는 것 같다고 추측했다. 산소는 1770년대에 세 화학자들이 각각 발견했다. 1774년에는 조지프 프리스틀리가 햇빛을 모아 산화수은을 연소시켜 산소를 얻었고, 이 산소로 양초가 더 밝은 빛을 내며 타는 것을 관찰했다. 프리스틀리는 그의 동료 헨리 캐번디시처럼 이를 '탈플로지스톤 공기'라고 잘못 판단했다. 1777년에는 스웨덴 과학자 칼 빌헬름 셸레가 산소를 발견했다고 발표하며 1771년에 실제로 산소 실험을 했다고 보고했다. 후에 앙투안 라부아지에도 산소를 발견했다. 그는 이 기체가 플로지스톤이 없는 공기(탈플로지스톤 공기)가 아닌 새로운 원소임을 알았다. 라부아지에는 이 새로운 원소를 '산을 형성한다 acid-forming'라는 뜻의 oxy-gène(불어로 산소-옮긴이)이라고 명명했다. 이는 이 기체가 산이 있는 모든 곳에 존재한다는 잘못된 가정에서 나온 생각이었다. 그럼에도 불구하고 산소는 그렇게 oxygen으로 굳어졌다.

산소에는 별로 달갑지 않은 특성이 하나 있다. 산소는 반응성이 너무 크고 많은 미생물이 살 수 있는 환경을 제공하기 때문에, 음식을 상하게 하는 등 여러 형태의 부패를 초래한다. 수 년 동안 과학자들은 음식에 산소가 닿지 못하게 하는 창의적인 방법을 개발하기 위해 치열하게 경

꺼져가는 불꽃을 다시 살리려면

순수한 산소를 이용하면 재미있는 실험을 할 수 있다. 먼저 순수한 산소 또는 고농도의 산소가 함유된 공기를 플라스크에 넣는다. 성냥에 불을 붙였다가 끄면 성냥 머리에 살짝 불씨가 남는다. 이때 이 불씨를 입으로 살짝 불면 주황색 빛을 낸다. 하지만 다시 불이 붙지는 않는다. 그러나 이 성냥의 불씨가 꺼지기 전에 플라스크에 넣으면 다시 밝게 타오른다. 이는 산소가 얼마나 반응성이 강한지, 얼마나 쉽게 불꽃을 살릴 수 있는지를 보여 준다.

쟁했다. 과일을 질소 안에 보관하거나, 땅속에 묻거나, 통조림 포장이나 진공 포장을 할 수 있다. 이외에도 과일을 얼리거나, 말리거나, 훈연이나 절임으로써 보존 처리하거나, 병조림을 하는 방법도 있다.

고도가 높아질수록 대기 중 산소의 농도가 낮아지기 때문에 아주 높은 고도에서는 숨쉬기가 힘들다. 그리고 산소는 우리가 호흡하는 산소(이산소분자, O_2)로만 존재하지 않는다. 산소는 오존이나 O_3로 잘 알려진 삼산소로도 존재한다. 성층권에서는 산소 입자가 지속적으로 자외선과 충돌하여 개별 원자로 분리된다. 이 산소 원자들은 이산소 분자와 만나 오존 분자를 형성하고, 오존이 자외선과 충돌하여 다시 산소 원자로 분리된다. 이 모든 과정은 지속적으로 격렬하게 일어나며, 태양의 해로운 자외선으로부터 우리를 보호한다. 우리가 운이 좋아서 북극광(북극의 오로라)이나 남극광(남극의 오로라)을 보게 되면 아름답게 소용돌이치는 패턴을 발견할 수 있을 것이다. 이 패턴은 대기의 훨씬 높은 곳에서 태양풍이 산소 분자와 충돌하여 만들어진다.

9 플루오린 Fluorine

9 **F** 18.998403163 Fluorine	○ 화학 계열 **할로겐** ○ 원자 번호 **9** ○ 색 **옅은 노란색**	○ 녹는점 **-220°C** ○ 끓는점 **-188°C** ○ 발견된 해 **1886년**

플루오린은 주기율표의 17족 즉, 할로겐족에 속한다. 할로겐족에는 염소, 브로민, 아이오딘, 아스타틴도 있다. 할로겐은 '소금을 만든다salt-producing'라는 의미다. 할로겐족 원소는 금속들과 반응하여 플루오린화칼슘과 염화소듐(테이블염), 브롬화은 등과 같은 소금과 비슷한 염을 만들기 때문이다. 할로겐족 원소는 모두 반응성이 매우 크고 치명적인 해를 입힐 수도 있다. 플루오린은 순수한 형태일 때 특히 위험한데, 플루오린이 단 0.1%라도 함유된 공기를 마시면 수 분 내로 생명이 위독해진다. 플루오린 기체가 벽돌이나 유리와 같은 고체를 타고 흐르면, 그 고체는 순식간에 불길에 휩싸일 것이다.

하지만 플루오린 화합물은 안전하다. 플루오린화칼슘이 주성분인 형석은 1520년대까지 용광로에서 '플럭스'로 사용되었다. 형석은 가열하면 녹아 내려 금속의 접합면이 산화되는 것을 막아 잘 접합되게 해 주었다. 당시 연금술사들은 형석과 플루오린화물에 미지의 물질이 들어 있다는 사실을 알고 있었지만, 그 물질을 분리해 낼 기술이 없었다. 아니면 누군가 그 물질을 분리했는데 그 과정에서 아마도 죽었고, 죽었기 때문에 죽은 이유도 설명하지 못했을 것이다!

1860년에 영국 과학자 조지 고어는 플루오린을 분리하는 데 거의 성공했다. 그는 플루오린화수소산(불산)에 전류를 흘려 약간의 플루오린을 안전하게 생성했던 것 같은데 이를 증명하지는 못했다. 1886년이 되어서야 프랑스 화학자 앙리 무아상이 전기 분해를 통해 플루오린을 분리하는 데 성공했고 이 공로로 (다행히도 그 과정에서 그는 죽지 않았다) 노벨상을 수상했다.

우리는 평소에 안정된 형태의 플루오린화물에서 플루오린을 접한다. 플루오린화물은 우리 생활에 매우 중요하다. 물속에 자연적인 수준의 플루오린이 함유되어 있는 지역에서 충치 발생율이 낮다는 연구가 발표되면서 많은 곳에서 물에 플루오린을 첨가했다. 이 방법은 논란의 여지가 있지만 우리는 플루오린이 함유된 치약을 사용한다. 플루오린을 치약에 넣으면 작은 결정체가 형성되어 충치를 일으키는 산을 잘 견디게 해 준다.

혼하게 쓰이는 또 하나의 플루오린화물은 폴리테트라플루오로에틸렌이다. 이것은 상표 이름인 테플론으로 더 잘 알려져 있다. 테플론은 1938년 듀퐁사 실험실에서 로이 플렁킷이 발견했다. 당시 그는 새로운 유형의 냉매(냉각 가스)를 연구하고 있었다. 그는 폴리테트라플루오로에틸렌 가스를 실린더에 저장하고 나서 하얀 분말이 남은 것을 발견했다.

그 하얀 물질은 열에 강하고 반응성이 없으며, 매우 낮은 온도에서도 대단히 유연한 플라스틱으로 밝혀졌다. 이런 특성 때문에 테플론은 우주 탐사에 사용되었다. 게다가 잘 들러붙지 않는 성질을 가지고 있어서 냄비나 프라이팬을 코팅하는 데 쓰인다. 테플론은 '통기성 의류'에도 이용된다. 비는 막아 주면서 수증기는 외부로 발산시키므로 비가 올 때 운동을 하거나 일을 하는 사람에게 이상적이다.

10 네온 Neon

○ 화학 계열 **비활성 기체**		○ 녹는점 **-249°C**
○ 원자 번호 **10**		○ 끓는점 **-246°C**
○ 색 **무색**		○ 발견된 해 **1898년**

네온은 원소를 연구하는 화학자들이 멘델레예프의 주기율표에서 영감을 얻어 발견한 원소다. 주기율표가 없었더라면 화학자들은 아마 네온이라는 원소에 주의를 기울이지 못했을 것이다. 윌리엄 램지는 이미 헬륨, 아르곤, 크립톤(24, 79, 123쪽 참조)과 같이 비활성 기체에 속하는 다른 원소들을 발견했다. 램지는 주기율표를 보면서 헬륨과 아르곤 사이 지점에 어떤 비활성 기체가 있을 것으로 예상했다.

램지는 동료인 모리스 트래버스와 런던의 유니버시티 칼리지에서 함께 연구하며 누락된 원소 찾기에 매진했다. 그는 아르곤을 분리한 후, 고체 아르곤 덩어리가 액체 공기에 둘러싸이게 했다. 그 다음 아르곤을 낮은 압력에서 천천히 기화시켜 증발하는 첫 번째 기체를 모았다. 이렇게 모은 기체를 분광기로 관찰하였더니 독특한 빛을 내는 것을 볼 수 있었다. 트래버스는 '튜브에서 나오는 진홍색 불빛이 너무나도 강렬해서 누구이 말하지만 절대로 잊지 못할 광경이었다'라고 적었다. 현재는 더 간단한 방법인 분별 증류법으로 공기에서 네온을 추출한다.

램지의 아들은 '새롭다'는 뜻의 라틴어에서 이름을 따 새로운 기체를 '노붐'이라고 부르자고 했다. 램지는 아들의 생각을 받아들였지만, 라틴어 대신 그리스어에서 유래된 단어 '네온'으로 명명했다. 네온의 발견은 매우 놀라운 일이었지만 처음에는 별로 흥미롭지 못한 원소였다. 반응

네온 스펙트럼

네온은 선명한 진홍색 불빛만을 발산한다. 그런데 왜 네온등 하면 우리는 휘황찬란한 불빛을 떠올릴까? 단지 네온이 먼저 등장해서 그런 종류의 빛에 네온이라는 이름이 붙은 것뿐이다. 진홍색 외의 색들은 다른 기체나 착색된 유리를 쓰거나, 유리관 안쪽에 형광 물질을 도포해서 만든다. 예를 들어 헬륨이나 소듐은 주황색, 아르곤은 연보라색, 크립톤은 청백색 또는 황록색을 낸다. 만약 파란색이 필요하면 제논이나 수은 증기를 사용한다.

성이 가장 낮은 원소이기 때문이었다. 사실 네온과 반응할 수 있는 원소는 하나도 없다.

하지만 네온의 화려한 붉은 빛은 프랑스의 화학자이자 발명가인 조지 클로드의 상상력을 자극했다. 그는 네온을 넣고 봉한 유리관을 방전시켜 완전히 새로운 종류의 빛을 만들었다. 그는 네온등을 1910년, 최초로 파리 전시회에 진기한 볼거리로 전시했다. 하지만 사람들이 집이나 거리에서 빨간색 불을 켜는 것을 원하지 않았기 때문에 네온등이 시장에서 팔리기까지는 10년이 넘게 걸렸다. 그가 구부러진 유리관을 이용하는 방법을 개발하여 빛을 내는 글자를 만들자마자, 그의 회사 클로드 네온은 큰 성공을 거두었고 특히 미국에서 좋은 반응을 얻었다. 첫 번째 네온사인은 로스앤젤레스 자동차 영업소에서 구매했고, 그곳을 지나는 사람들은 잠시 멈춰 서서 화려하게 번쩍이는 최신식 광고를 멍하니 바라보았다.

11 소듐 Sodium

○ 화학 계열 **알칼리 금속**	○ 녹는점 **98°C**
○ 원자 번호 11	○ 끓는점 **883°C**
○ 색 **은백색**	○ 발견된 해 **1807년**

11
Na
22.98976928
Sodium

적어도 두 가지 중요한 소듐 화합물이 초기 문명 시대부터 사용되었다. 고대 이집트인들은 '소다'로 알려진 탄산소듐을 나일강 근처의 메마른 범람원에서 얻었다. 세정제로 사용된 이 소다 결정은 성경에도 기록되어 있다. 그리고 소금으로 알려진 염화소듐은 바닷물이 증발하고 난 후 소금이 침전된 평지나 지하 퇴적층에서 거둬들였다. 소금은 음식에 첨가해서 먹든 동물성 식품을 통해 흡수하든 언제나 우리 식생활에 중요한 위치를 차지했다.

우리 몸에는 약 100그램의 소듐이 있다. 소듐은 포타슘이나 칼슘같은 전해질이라서 세포 안팎으로 수분이 이동하는 양을 조절하는 역할을 한다. 소듐은 세포가 신경 신호를 전달할 수 있게 하고 체내 삼투압을 조절한다. 하지만 소듐을 너무 많이 섭취하면 혈압이 위험한 수준으로 올

주방에서 연구하는 화학자

우리는 소금과 소다를 수천 년 전부터 사용했다. 가성소다 즉, 탄산소듐은 13세기경 비누 제조업자들이 처음으로 만들었다. 하지만 베이킹 소다로 알려진 중탄산소듐은 비교적 최근에 만들어진 혁신적인 제품이다. 1843년에 영국 화학자 알프레드 버드는 효모 알레르기가 있는 아내의 어려움을 덜어주려다 베이킹 소다를 발명했다. 베이킹 소다는 산-염기 반응을 통하여 이산화탄소 거품을 생성하고 이 거품이 반죽이나 도우 안으로 들어가 빵을 부풀린다.

라갈 수 있다. 그래서 고혈압 환자에게는 소금 섭취를 줄이라고 충고한다.

소금세는 오랫동안 여러 곳에서 소요를 일으켰다. 예를 들어 프랑스 혁명이 일어난 원인 중 하나가 소금세였다. 그리고 대영제국이 국민 대부분이 채식주의자인 인도에 소금세를 부과했을 때 소금세 폐지를 주장한 마하트마 간디의 소금 사티아그라하운동이 일어났고, 이 운동은 인도의 독립 운동에서 가장 중요한 순간이 되었다.

소듐은 지구에서 여섯 번째로 흔한 원소이고 소듐 화합

물이 광범위하게 사용되고 있었지만 소듐의 화학적 성질은 19세기가 되어서야 알려졌다. 소듐은 반응성이 매우 크기 때문에 순수한 형태로는 발견되지 않는다. 특히 소듐은 공기 중에 노출되면 즉시 부식되기 때문에 특별한 오일 속에 담가서 보관해야 한다.

첫 번째 순수한 소듐 원소는 런던 왕립 연구소의 험프리 데이비가 분리했다. 그는 가성소다(수산화소듐)에 전류를 흘려 작은 금속 덩어리를 만들었다. 요즘은 대개 용융된 염화소듐을 전기 분해해서 소듐을 만든다.

소듐은 여러 곳에서 사용된다. 원자로의 냉각수로도 쓰이고, 겨울철 얼어붙은 도로를 녹이는 데 쓰이기도 한다. 가성소다로 하수구를 청소하며, 생화학 산업에서는 시약으로 쓰인다. 화학자들은 소듐으로 재미있는 실험을 한다. 소듐 덩어리를 얇게 썰어서 바로 물속에 떨어뜨린 다음, 재빨리 떨어져서 반응을 관찰해 보자. 폭발이 일어나기 전에 불꽃이 발생하는 것을 볼 수 있다. 하지만 집에서 실험하는 것보다 인터넷에서 영상을 찾아보는 것이 가장 똑똑한 방법이다!

¹² 마그네슘 Magnesium

12 **Mg** 24.305 Magnesium	○ 화학 계열 **알칼리 토금속**	○ 녹는점 **650℃**
	○ 원자 번호 **12**	○ 끓는점 **1,090℃**
	○ 색 **은백색**	○ 발견된 해 **1755년**

　마그네슘은 가장 가벼운 금속이며 우리가 쉽고 안전하게 사용할 수 있다. 리튬과 소듐은 반응성이 매우 크고, 베릴륨은 독성이 강해 예방 조치를 단단히 하지 않으면 사용하기 어렵다. 마그네슘은 공기 중에서 불을 붙이면 매우 밝은 빛을 내며 탄다. 종종 과학 실험 시간에 마그네슘 리본에 불을 붙여 밝게 타는 것을 관찰하기도 한다.

　마그네슘은 유기체의 필수적인 원소다. 식물의 녹색 색소인 엽록소의 주요 구성 성분으로 광합성을 하는 데 특히 중요한 역할을 한다. 식물의 잎이 황갈색으로 변하거나 잎에 진한 붉은 반점이 생기면 마그네슘이 결핍된 것이다. 이때 마그네슘 액을 잎에 뿌리거나 흙에 탄산석회 고토(탄산칼슘마그네슘)을 섞어 주면 잎이 상하는 것을 줄일 수 있다.

약이 되는 마그네슘

17세기 이후 변비 치료제로 사용된 엡섬염은 영국의 한 농부가 발견했다. 엡섬에 사는 그는 자신이 키우는 소들이 왜 가뭄 기간에 특정 물웅덩이에는 얼씬도 하지 않는지 조사했다. 그 결과 물웅덩이에는 쓴맛이 나는 황산마그네슘이 들어 있다는 것이 밝혀졌다. 이 발견으로 엡섬염을 이용한 설사제가 만들어졌다. 산화마그네슘 현탁액인 마그네시아유는 소화 불량 치료제와 변비약으로 사용된다.

우리는 보통 마그네슘을 식물이나 다른 동물을 통해 섭취한다. 특히 쌀, 보리 등의 겨, 초콜릿, 브라질너트, 콩, 아몬드 등이 마그네슘을 풍부하게 함유하고 있다. 마그네슘은 신경 및 근육의 기능, 혈당 조절, 신체 내 단백질 합성을 비롯한 다양한 신체 기능을 유지시킨다. 어떤 위장병은 마그네슘 결핍을 초래하여 무기력증이나 우울증 등 여러 심각한 증상들을 유발하기도 한다. 마그네슘 결핍이 심해지면 근육통 뇌척수염ME으로도 불리는 만성피로증후군CFS이 발생할 수도 있다.

1755년, 에든버러의 조지프 블랙은 탄산염암, 마그네사이트, 석회암 각각에서 추출된 마그네시아(산화마그네슘)와 석회(산화칼슘)를 주의 깊게 비교한 결과, 마그네슘이 틀림없이 하나의 원소일 것이라고 생각했다. 1808년에 험프리 데이비는 산화마그네슘을 전기 분해해 미량의 순수한 마그네슘을 분리했다.

마그네슘은 아주 오래 전부터 사용되었다. 규산마그네슘으로 해포석 파이프를 만들었고, 마그네슘의 강렬한 불꽃을 사용해 초기 손전등 전구를 만들었다. 제2차 세계대전에서는 가공할 만한 위력을 가진 마그네슘 폭탄이 무시무시한 화재와 화재 폭풍을 일으켰다. 고체 마그네슘은 불이 잘 붙지 않기 때문에 폭탄을 점화시키려면 테르밋 반응열이 필요했다. 물론 마그네슘도 우리 생활에 유용하게 쓰인다. 마그네슘 금속은 안전하게 이용할 수 있기 때문에 알루미늄 등 다른 경금속과 결합하여 합금을 만들기도 한다. 이 합금으로 자동차나 항공기의 금속 부품을 만들면 무게를 줄일 수 있다. 그래서 가벼운 휴대전화와 노트북을 만드는 데에도 사용된다.

13

알루미늄 Aluminium

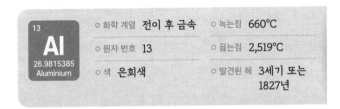

	○ 화학 계열 **전이 후 금속**	○ 녹는점 **660°C**
Al	○ 원자 번호 **13**	○ 끓는점 **2,519°C**
26.9815385 Aluminium	○ 색 **은회색**	○ 발견된 해 **3세기 또는 1827년**

    알루미늄은 음료수 캔, 포일, 주방 도구, 가정용품부터 비행기, 자동차, 전원 케이블에 이르기까지 다방면에 사용되는 유용한 원소다. 경금속인 알루미늄은 무르고 잘 구부러진다. 독성이 없고 비자성체(자석 성질이 없는 물질-옮긴이)이자 전기 전도체다. 가장 중요한 성질은 철은 산화되면 녹이 슬지만, 알루미늄은 얇지만 단단한 산화알루미늄 층을 형성하기 때문에 내부까지 부식되지 않는다는 것이다. 알루미늄은 질량 면에서 볼 때 지각에서 가장 풍부한 금속이다. 그래서 순수한 알루미늄 형태로 쓰이거나 마그네슘, 규소, 망가니즈, 구리 등과 다양한 합금으로 광범위하게 사용된다. 이러한 합금들로 무게가 가벼워야 하는 비행기나 자전거, 자동차 등을 만들곤 한다.

    알루미늄은 3세기부터 정제되었던 것 같다. 중국 장군

초추의 무덤에는 알루미늄 함량 비율이 85%인 금속 장신구가 들어 있었다. 아마도 중국인들은 알루미늄을 정제하는 방법을 알고 있었겠지만, 수 세기 동안 아무도 사용하지 않아 결국엔 잊혀졌다. 18세기 화학자들은 산화알루미늄이 금속을 함유하고 있는 것이 틀림없다고 생각했다. 1827년이 되어서야 독일 화학자 프리드리히 뷜러가 라이벌인 덴마크 화학자 한스 크리스티안 외르스테드가 이전에 시도한 방법을 완성해 알루미늄을 분리해 냈다. 염화알루미늄을 포타슘과 반응시켜 마침내 순수한 알루미늄을 만든 것이다.

험프리 데이비는 20년 후에 거의 순수한 알루미늄을 만들었는데 알루미늄 화합물인 백반alum을 정제해서 만든 금속이기 때문에 '알루미넘aluminum'이라고 명명했다. 이것 때문에 현재 미국과 영국의 알루미늄의 철자가 달라지고 말았다. 시간이 흐른 후, 국제순수·응용화학연합에서 금속의 이름은 '윰-ium'으로 끝나야 한다는 규정을 만들어 철자를 aluminium으로 바꾸었지만, 미국화학회는 원래 철자였던 aluminum을 다시 쓰기로 했다. 그래서 현재 미국과 영국은 서로 알루미늄의 철자를 잘못 쓰고 잘못 읽는다고 생각한다.

이제는 알루미늄이 비교적 쉽게 생산되지만, 최신식 생

홀-에루 공정

알루미늄을 만드는 가장 저렴한 방법은 미국과 프랑스의 동갑내기 과학자가 각각 발견했다. 22살의 아마추어 과학자인 찰스 마틴 홀은 누나와 함께 헛간에서 독창적인 실험을 진행했고, 대서양 반대편 프랑스에서는 폴-루이-투생 에루가 알루미늄을 제련했다. 두 사람의 이름을 따서 만든 '홀-에루 공정'은 용융된 헥사플루오르알루민산소듐(빙정석으로 더 잘 알려져 있다)이 든 통 안에서 산화알루미늄을 용해시킨 다음, 그 용융액을 전기 분해하여 알루미늄과 산소를 분리하는 방법이다. 이 방법은 오늘날도 여전히 알루미늄을 대량 생산할 때 사용된다.

산 방법이 개발되기 전에는 고급 금속으로 취급되었다. 1860년대에 프랑스 나폴레옹 3세의 궁에서는 왕과 여왕을 초대해 음식을 대접할 때 알루미늄 접시를 사용한 반면, 그들보다 지위가 낮은 귀족들을 대접하는 음식은 금 접시에만 담았다.

규소 Silicon

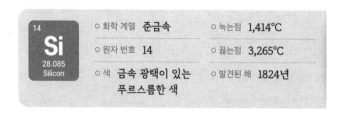

14	○ 화학 계열 **준금속**	○ 녹는점 **1,414℃**
Si	○ 원자 번호 **14**	○ 끓는점 **3,265℃**
28.085 Silicon	○ 색 **금속 광택이 있는 푸르스름한 색**	○ 발견된 해 **1824년**

규소라는 이름을 들으면 무엇이 떠오르는가? 컴퓨터 안에 있는 초소형 칩이 생각난다면 규소가 지각 전체 질량의 28%를 차지한다는 사실에 놀랄지도 모른다. 규소는 산소 다음으로 지각에서 두 번째로 많은 원소다. 자연에서 규소는 화합물 상태로만 존재하기 때문에 부싯돌, 수정, 석영, 마노, 자수정, 오팔 등과 같은 규소산화물이나 화강암, 석면, 장석, 운모, 점토 등과 같은 규산염이 우리에게 더 친숙하다. 이런 화합물 속의 규소는 별이 초신성으로 붕괴될 때 죽어가는 별 내부에서 핵융합으로 생성된 후 방출된 것이다.

규소 화합물은 오래 전부터 광범위하게 사용되었다. 원시인들은 부싯돌로 무기를 만들었고, 건축에 사용되는 화강암 등의 암석들은 매우 복잡한 규산염 광물이다. 모래

(이산화규소)와 점토(규산알루미늄)는 콘크리트, 시멘트, 세라믹, 에나멜의 주성분이다. 오팔, 석영, 자수정은 모두 고대 문명에서 귀하게 여겼다. 흑요석 형태의 유리는 일부 지역에서 자연적으로 생긴다. 기원전 2세기경, 인류는 모래를 녹였다 굳혀서 다른 형태로 만들 때 부산물로 작은 유리 방울이 만들어지는 것을 보고 유리 제조 방법을 알아냈다. 그리고 자연계에 존재하는 규산염 광물 중 하나인 석면은 불에 잘 타지 않기 때문에 수천 년 동안 유용하게 사용되었다. 하지만 요즘에는 발암 물질로 알려져 석면 사용에 관한 규제가 점점 강화되고있다.

아마도 규소 형태가 매우 다양하다는 이유로 19세기까지 화학자들이 규소 연구를 등한시했던 것 같다. 1824년에 처음으로 스웨덴 화학자 옌스 야콥 베르셀리우스가 플루오르화규소산 포타슘에서 상당히 순수한 규소 분말을 분리했다. 그리고 1854년에야 비로소 프랑스 화학자 헨리 드빌에 의해 결정질 규소가 만들어졌다. 그때부터 규소는 아주 다양한 곳에서 활용되었다. 알루미늄-규소 합금과 철-규소 합금으로 전동 공구나 변압기용 강판, 엔진 블록 등을 만든다. 규소와 탄소가 혼합된 탄화규소는 강한 연마재가 된다. 규소와 산소가 결합하여 만들어진 실리콘 중합체는 고무와 약간 비슷해서 욕실 방수를 할 때 쓰일 뿐만 아니라 여러 논란에도 불구하고 유방 보형물로도 쓰인다.

첨단 기술의 중심지에 실리콘 밸리라는 이름을 붙인 것은 실리콘 칩이 그만큼 중요하다는 것을 의미한다. 실리콘 칩은 '반도체'의 성질을 갖고 있는 규소 결정으로 만든다. 반도체는 일정한 환경에서는 전기가 통하지만 그 외 환경에서는 전기 전도성을 갖지 않는다. 실리콘 칩에 사용하는 재료는 사실 '불순물이 첨가된' 실리콘이다. 다른 원소들이 조금씩 섞여 실리콘 칩이 일종의 소형 트랜지스터처럼 작동한다.

공상과학작가들과 일부 과학자들은 탄소보다는 규소를 기반으로 하는 외계 생명체가 존재할지 모른다고 주장했다. 규소와 탄소는 주기율표에서 같은 족에 속하기 때문에 규소도 탄소처럼 다른 원자 4개와 한번에 결합할 수 있다. 규소 기반 생명체는 아마 지구와는 전혀 다른 환경의 행성, 즉 온도가 매우 낮고 암모니아가 풍부한 행성에서만 살 수 있을 것이다.

그럼에도 불구하고 규소는 지구의 생명체에 있어서 매우 흥미로운 역할을 한다. 식물석(식물 세포가 무기질이 되어 굳어진 매우 작은 이산화규소 조각들)이 어떤 역할을 하는지는 모르지만, 식물석은 썩지 않고 화석에 남아 과학자들에게 중요한 연구 자료가 된다. 쐐기풀에 찔리면 매우 따갑다.

이는 식물 표면에 있는 매우 작은 규산염 조각 때문이다.

광합성을 하는 가장 작은 조류지만 지구에 어마어마한 양의 산소를 공급하는 규조류 안에서는 복잡한 규산염 구조가 발견된다. 그러므로 규소 기반 외계 생명체가 존재할지도 모른다는 공상과학자들의 주장이 말도 안 되는 생각만은 아닌 것 같다.

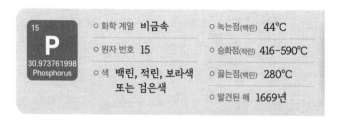

15 **P** 30.973761998 Phosphorus	○ 화학 계열 **비금속**	○ 녹는점(백린) **44°C**
	○ 원자 번호 **15**	○ 승화점(적린) **416~590°C**
	○ 색 **백린, 적린, 보라색 또는 검은색**	○ 끓는점(백린) **280°C**
		○ 발견된 해 **1669년**

인은 13번째로 발견된 원소다. 서양에서는 13이 불길한 의미를 가지고 있는데다가 인이 가진 몇 가지 해로운 특징 때문에 종종 인을 악마의 원소라고 부르곤 한다.

인은 1669년에 독일의 연금술사 헤니히 브란트가 발견했다. 브란트는 당시 유행하던 현자의 돌을 찾겠다는 일념하에 많은 양의 소변을 모아 썩히고 끓여 증발시켰다. 당연히 그의 실험실은 악취로 가득했다. 그가 실험 잔여물을 다시 가열했을 때 빛이 나는 수증기가 뿜어져 나왔다. 브란트는 그 수증기를 응결시켰다. 1세기 후, 라부아지에가 빛을 내는 원소의 존재를 밝혀내고 인이라고 명명했다. 고대 그리스어로 '빛phos의 운반자phorus'라는 뜻이었다. 인을 추출하는 보다 쉬운 방법은 동물의 뼈를 황산에 녹여 인산을 만드는 것이다. 이렇게 얻어진 인산을 숯으로 가열하면 백린(하얀 인)을 만들 수 있다.

인의 동소체들은 서로 다른 색을 갖는다. 가장 흔한 백린은 독성이 있고, 공기 중에서 불에 잘 타며, 어두운 곳에서 빛을 발한다. 백린이 피부에 닿으면 끔찍한 상처가 생길 수 있다. 적린은 성냥갑의 한쪽 면에 붙어있는 재료이며 백린에 비해 안전하게 사용할 수 있다. 1827년부터 영국·스톡턴온티스에서는 백린을 이용해 성냥을 생산했다. 그런데 성냥 공장에서 일하는 젊은 여성들 대부분이 '인중독성 악골괴저'로 고통 받게 되었다. 아래턱뼈가 쇠약해지는 끔찍한 질병이었기 때문에 20세기 초에 백린 사용이 금지되었다.

인은 예광탄, 화염 폭탄, 연막탄에서부터 1943년 함부르크에서 폭풍처럼 번지는 불기둥을 만들었던 인광탄에 이르기까지 치명적인 무기들에 사용되었다. 인은 사린가스와 같은 맹독성 신경가스의 재료가 되기도 한다. 이 사린가스 때문에 1980년대 이란-이라크의 전쟁에서 많은 사상자가 발생했고, 1995년 도쿄 지하철 사린가스 테러사건에서는 12명의 사망자와 수많은 부상자가 생겼다.

다행히도 보통 사람들은 자연에서 인을 발견할 수 없다. 그나마 볼 수 있는 건 인산염뿐이다. 인산염은 여러 가지 이유로 생명체에 매우 중요하며, DNA, 치아 법랑질, 뼈

등에 있다. 우리는 참치나 달걀, 치즈 등에서 인산염을 섭취한다. 인산염은 비료로도 사용된다. 비료의 사용은 최근 수 세기 동안 농작물 생산량을 크게 증대시켰다. 하지만 인류는 인의 순환으로 인해 심각한 문제를 맞게 될지도 모른다. 인산염이 들어간 비료나 세제를 너무 많이 사용해 강과 호수가 오염되었고, 이로 인해 과도하게 증식한 조류가 햇빛을 차단해 다른 수생생물의 광합성을 막는다. 그 결과 수생 생물이 생산하는 산소로 호흡해야 하는 다른 생물들의 생존에도 위협이 되고 있다.

다른 한편으로, 2~3세기 안에 인산염의 공급원이 사라질지 모른다. 과거에는 바닷새, 동물, 인간의 배설물이 인

·

국민의 적

화학자 앙투안 라부아지에는 세관과 과세 업무를 담당하는 프랑스 국세청, 총괄징세청부회사의 일원이었다. 그의 정치적 인맥은 자금 지원을 받아 훌륭한 연구를 수행하는 데 큰 도움이 되었지만 결국에는 그가 몰락하는 원인이 되었다. 1794년 프랑스 혁명 이후 공포정치 시대에 그는 조세 포탈로 기소되어 결국 단두대에 오르게 되었다.

·

산염의 공급원이었지만, 현재 한정된 지역에서만 생산되는 인광석만이 경제적으로 이용할 수 있는 공급원이다.

우리는 매우 많은 양의 인을 추출해 사용하고 환경에 방출하는데 이렇게 사용된 인은 다시 사용할 수 없다. 그래서 현재 식량 생산량을 지탱해 주는 인산염은 빠른 속도로 고갈되고 있다. 과학자들은 대부분의 사람들이 무심하게 지나치는 이 문제가 다음 세기의 가장 주요한 환경 위기 중 하나가 될 것으로 예상한다.

16 황 Sulfur

16 **S** 32.06 Sulfur	○ 화학 계열 **비금속**	○ 녹는점 115°C
	○ 원자 번호 16	○ 끓는점 445°C
	○ 색 **노란색**	○ 발견된 때 **선사 시대**

악마를 떠올리게 하는 원소가 또 하나 있다. '유황'이라고도 알려진 황은 성경에서 15번이나 언급되고, 유황과 불이 비처럼 내려 소돔과 고모라가 멸망했다고 한다. 유황의 악명은 유황이 정말 끔찍한 면을 갖고 있어서가 아니라 일부 유황 화합물이 지독한 냄새를 풍기기 때문에 생겼을 것이다. 자연에서 발견되는 황은 화산 지역의 암석에 밝은 노란색 결정으로 붙어있다. 예부터 사람들은 황을 태워 이산화황을 얻은 다음, 이를 직물이나 포도즙에 스며들게 해 직물을 표백하고 와인을 보존하는 용도로 사용했다. 오늘날 정제되지 않은 화석 연료를 태울 때 나오는 이산화황은 대기 속에서 산성비를 내리게 하거나 스모그 현상을 악화시키기도 한다.

연금술사들은 모든 금속 안에 황, 수은, 소금이 들어 있다고 믿었기 때문에, 황을 재료로 희한하고 놀라운 실험을 많이 했다. 황이 황화수소나 황화물 중 하나인 '메르캅탄'이 될 때 불쾌한 냄새가 난다. 달걀이 썩을 때 달걀에 많이 들어 있는 단백질이 부패하며 매우 유독한 냄새를 풍기는 황화수소를 만든다. 스컹크는 '부틸 셀렌메르캅탄'을 분비해 적으로부터 자신을 보호한다. 반면에 자극성이 적은 다른 메르캅탄을 무취의 천연 가스에 소량 첨가하면 불쾌한 냄새가 나기 때문에 가스 누출을 알리는 경고 장치로 이용할 수 있다.

황은 여러 가지 긍정적인 역할도 한다. 황화합물은 고

지구의 구원자, 황

세부적인 문제에 대해서는 많은 논쟁이 있지만, 일부 과학자들은 황이 지구 온난화를 완화시키는 데 중대한 역할을 할 것으로 믿는다. 황 화합물인 디메틸설파이드는 대양에 사는 플랑크톤에 의해 간접적으로 생성된다. 이는 산소와 반응하여 산화유황이 되고, 이 과정에서 황산 입자가 대기로 들어가 물 분자와 결합해 구름이 형성된다. 그래서 온도가 높아지면 이 과정이 자연스럽게 일어나고 생성된 구름이 태양 에너지를 반사하여 냉각 효과를 가져올 것으로 본다.

무를 경화하고 종이를 표백한다. 비료용 인산염을 만들거나 보존제, 세제에도 쓰인다. 황산칼슘은 시멘트와 석고의 중요한 성분이다. 황산은 산업계에서 특히 중요한 역할을 하는데, 예를 들어 비료용 인산염 생산 과정에 사용된다. 토양에서 나오는 황산염은 생태계로 들어가기도 하며 여러 유형의 아미노산과 효소 합성에 꼭 필요하다. 지금 이 책을 읽고 있는 우리 몸에도 약 150그램의 황 화합물이 있다.

17 염소 Chlorine

17 **Cl** 35.45 Chlorine	○ 화학 계열 **할로겐**	○ 녹는점 **-102°C**
	○ 원자 번호 **17**	○ 끓는점 **-34°C**
	○ 색 **황록색**	○ 발견된 해 **1774년**

우리는 매일 음식에서 필수 영양소 중 하나인 소금, 즉 염화소듐을 섭취한다. 그래서 염소에 대해 아주 친숙하게 느낀다. 하지만 다른 원소와 마찬가지로 염소에 좋은 면만 있는 건 아니다. 1915년, 플랑드르에서 독일군이 염소 가스를 무기로 사용했을 때 약 5,000명의 사망자가 발생했고, 그보다 더 많은 사람들이 극심한 고통에 시달렸다.

염소는 자연에서 순수한 형태로 발견되지 않는다. 스웨덴 화학자 칼 빌헬름 셸레가 1774년에 처음으로 분리했다. 그가 이산화망가니즈와 함께 염산을 가열하자 역겹고 숨이 막힐 것 같은 황록색 가스가 발생했다. 이 가스를 물에 용해시키자 산성 용액이 되었다. 셸레는 자신이 만든 가스가 순수하다고 생각하지 않았다. 이후 1807년에 험프리 데이비가 추가 연구를 진행해 새로운 원소의 존재를 발표했다. 그 원소의 이름은 '황록색'이라는 뜻의 그리스어에서 따서 명명되었다.

염소 화합물 중 PVC(폴리염화비닐)는 창틀에서부터 의료용 혈액 백에 이르기까지 매우 다양한 곳에 사용되는 다목적 플라스틱이다. 염소는 화학 반응의 촉매제 역할을 하기 때문에 제약 업계에서도 널리 사용된다. 그래도 사람들이 염소라고 하면 박테리아를 박멸하는 살균제를 가장 먼저 떠올릴 것이다. 염소는 가정용 표백제에도 들어 있고 수돗물이나 수영장 물을 소독하는 데에도 사용된다. 수돗물과 수영장 물을 소독하는 일은 런던에서 시작되었다. 의사 존 스노우가 소호에 있는 한 우물이 콜레라의 원인이었다는 것을 알게 되었을 때 우물의 펌프를 염소로 소독해 보았다. 이후 19세기 말까지 염소를 소독용으로 사용한 사례가 많다. 20세기 초반 유럽과 미국에서는 모든 식수를 염소 소독하여 공급한다는 방침을 세웠다. 스노우는 염소 화합물인 클로로포름의 효과를 시험해 보고 빅토리아 여왕의 출산을 도울 때 클로로포름을 사용하기도 했다.

시간이 흐르면서 일부 염소 제품을 대하는 우리의 태도가 많이 달라졌다. 과거에는 클로로포름과 드라이클리닝 용제인 사염화탄소가 흔히 쓰였지만 이제는 조심스럽게 사용한다. 우리의 간에 손상을 줄 수 있기 때문이다. 처음에는 클로로플루오르카본도 널리 쓰였고, 특히 에어로졸 캔에 많이 들어 있었다. 약어 CFC로 더 잘 알려져 있는 클로로플루오르카본은 오존층을 파괴하는 주범으로 밝혀졌다. 1980년대 이래로 CFC 사용이 크게 줄어들었고, 이런 노력 덕분에 최근 몇 년간은 오존층이 안정화되었다.

아르곤 Argon

18 **Ar** 39.948 Argon	◦ 화학 계열 **비활성 기체**	◦ 녹는점 **−189°C**
	◦ 원자 번호 **18**	◦ 끓는점 **−186°C**
	◦ 색 **무색**	◦ 발견된 해 **1894년**

　요즈음 우리는 대기 중 이산화탄소의 양이 점점 증가하는 것에 대해 걱정하고 있다. 이 문제가 미래 환경에 어떤 문제를 불러오게 될지는 모두 잘 알고 있다. 하지만 우리가 매일 호흡하는 공기에 이산화탄소(0.4%)보다 아르곤(1%)이 더 많이 들어있다는 사실을 아는 사람은 그렇게 많지 않다.

　아르곤의 존재에 대해 처음 알게 된 것은 1760년대에 헨리 캐번디시가 공기의 조성에 대한 연구를 할 때였다. 앞서 캐번디시가 '탈플로지스톤 공기(산소)'에서 '플로지스톤 공기(질소)'를 어떻게 분리했는지 알아보았다. 캐번디시는 '플로지스톤으로 꽉 찬 공기'에서 질소를 계속 제거했을 때마다 깜짝 놀랐다. 플라스크 안에 비활성 기체가 자꾸 약 1% 정도 남아 있었기 때문이다.

하지만 이 사실은 1894년까지 그 누구도 신경쓰지 않았다. 그후 '레일리 경'으로 알려진 존 스트럿과 윌리엄 램지가 공기 중에서 추출된 질소가 암모니아에서 추출된 질소보다 언제나 0.5% 정도 밀도가 높다는 것을 입증했다. 그것은 공기에서 얻은 질소에 무언가가 섞여 있다는 의미였다. 그들은 공기에서 산소와 질소가 제거된 후에 남아 있었던 무거운 기체가 하나의 독립된 원소라는 것을 확인했다. 그 기체가 화학적으로 비활성이기 때문에 '게으르다'

조금 늦은 발표

1894년에 스트럿과 램지가 아르곤을 발견했지만 이 사실을 바로 세상에 알리지 않았다. 연구 결과에 문제가 있는 것이 아니었다. 새로 발견한 화학 물질을 발표하는 권위 있는 학회가 다음 해에 미국에서 열리는데, 그 학회에는 1895년 1월 1일 이후에 이루어진 발견만 발표할 수 있다는 참가 조건이 있다는 걸두 사람이 알고 있었기 때문이다. 상금을 받고 싶었던 그들은 아르곤의 발견을 비밀로 하고 있다가 다음 해인 1895년에 발표했다. 예상대로 그들은 만 달러의 상금을 받았다. 당시 만 달러를 오늘날의 가치로 환산하면 15만 달러 이상이 될 것이다.

는 의미의 그리스어 아르고스_{argos}에서 이름을 따서 명명했다. 아르곤이 비활성인 이유는 원자의 바깥 껍질에 전자가 모두 채워져 있어서 다른 원소와 결합하지 않거나 쉽게 반응하지 않기 때문이다.

아르곤은 많은 산업 공정에서 사용되는 매우 중요한 재료이다. 예를 들어, 철강을 만들 때 탄소를 빼내는 '탈탄' 공정에서 아르곤과 산소가 혼합된 가스를 용강 속으로 불어넣는다. 이렇게 하면 크로뮴 같은 중요한 원소들이 다량 산화되는 것을 방지할 수 있다. 아르곤은 전통적인 백열전구에 사용된다. 이 역시 아르곤이 쉽게 반응하지 않아 필라멘트가 고온에서 산화되지 않게 해 주기 때문이다. 또한 공기보다 무겁고 열 전도성이 낮아 이중창 사이의 틈을 채워 단열 효과를 낸다. 최근에는 청색 아르곤 레이저가 암세포의 성장을 막고 환자의 각막 결함을 치료하는 데 사용되고 있다.

125년 전에는 아무도 알지 못했던 아르곤이 이제는 매우 유용한 물질이 되었다.

19 포타슘 Potassium

19 **K** 39.0983 Potassium	○ 화학 계열 **알칼리 금속**	○ 녹는점 **63°C**
	○ 원자 번호 **19**	○ 끓는점 **759°C**
	○ 색 **은회색**	○ 발견된 해 **1807년**

수 세기 전에, 사람들은 잿물(탄산포타슘)이 다양한 식물로부터 얻을 수 있는 유용한 비료임을 알았다. 탄산포타슘의 생산에 관한 18세기의 기록을 보면 '매년 상인들이 코어랜드(현재 라트비아와 리투아니아 지역), 러시아, 폴란드에서 배로 엄청난 양의 재를 실어온다. 그 나라의 녹색 전나무, 소나무, 참나무 숲에서 적당한 도랑에 나무 더미를 크게 쌓아 놓고 그 나무들이 재가 될 때까지 태웠다'라고 적혀있다. 그 재를 물에 넣고 끓인 다음, 제일 위쪽에 있는 액체를 구리 솥에 붓고 염이 될 때까지 다시 끓였다. 17세기에도 비슷한 기록이 있다. '칼리(칼리의 라틴어 이름은 살솔라 칼리Salsola kali다. 수송나물로 더 잘 알려져 있다)'라고 불리는 허브를 똑같은 방법으로 처리했다고 한다.

위에서 언급한 두 방법 모두 탄산포타슘과 탄산소듐의

혼합물을 생성한다. 소듐 화합물이 더 많이 만들어지는 칼리법은 '알칼리'라는 단어의 유래가 되었다. 칼리 앞에 정관사 '알al'이 붙어 만들어진 것이다.

이 이름은 매우 중요하다. 포타슘이 최초로 분리된 알칼리 금속이기 때문이다. 험프리 데이비는 1807년에 용융된 수산화포타슘을 전기 분해하여 포타슘을 분리하는 데성공했다. 전해진 바에 따르면 '데이비는 미세한 포타슘

·

포타슘을 왜 K로 표기할까?

산소oxygen는 O라고 표기된다. 이와 같이 약자를 사용하는 오늘날의 원소 기호 표기법은 스웨덴 화학자 옌스 야콥 베르셀리우스가 발명했다. 지금과 다른 점은 원자 수를 나타낼 때 H_2O처럼 아래 첨자로 표기하지 않고 H^2O와 같이 위 첨자를 썼다는 것뿐이다. 주기율표를 보면 어떤 원소들의 약자는 이름과 전혀 관계없는 것처럼 보이는 것도 있다. 이들은 대개 유럽 화학자들이 서로 다른 의견을 주장했던 탓이다. 예를 들어 소듐의 기호가 Na인 것은 독일어로 나트리움이나 나트로니움이기 때문이다. 데이비는 포타슘을 포타쉬에서 이름을 따 명명했지만, 베르셀리우스는 칼리 나무의 이름을 따서 칼륨으로 부르길 원했다. 그래서 포타슘의 화학 기호는 K가 되었다.

·

알갱이가 재의 껍질을 뚫고 나와 공기 중에서 불이 붙는 모습을 처음으로 본 순간 기쁨을 감출 수 없었다'고 한다.

포타슘은 물 위에 뜰 정도로 매우 가볍다. 하지만 이 사실을 확인해 보는 건 금물이다. 포타슘은 반응성이 매우 커서 물에 닿는 순간 폭발이 일어날 것이다. 포타슘은 얼음을 태워 구멍을 뚫기도 한다. 오늘날 포타슘은 비료로 많이 사용된다. 식물 세포에 포타슘이 필요하고 우리도 그 식물을 먹으며 포타슘을 섭취해야 하기 때문이다. 이외에도 포타슘은 유리, 액체 비누, 의약품, 생리식염수 등을 제조할 때도 사용된다.

칼슘 Calcium

20	○ 화학 계열 **알칼리 토금속**	○ 녹는점 842°C	
Ca	○ 원자 번호 20	○ 끓는점 1,484°C	
40.078 Calcium	○ 색 **은회색**	○ 발견된 해 1808년	

우리는 다년간 우유 광고를 보며 뼈와 이를 건강한 상태로 유지하는 데 칼슘이 얼마나 중요한지를 배웠다. 우유 외에도 치즈, 시금치, 아몬드, 생선, 씨앗, 요구르트와 같은 음식에서 칼슘을 섭취할 수 있다. 그래서 칼슘이 금속이라는 사실을 쉽게 받아들이기 어려울지도 모르겠다.

칼슘은 지각에서 다섯 번째로 풍부한 금속이지만, 천연의 형태로 발견되지 않는다. 칼슘은 공기와 빠르게 반응하여 석회암(탄산칼슘), 형석(플루오린화칼슘)과 같은 다양한 화합물을 만들고, 석고나 소석고(황산칼슘), 석회나 생석회(산화칼슘)와 같은 인공적인 화합물도 만든다. 분필도 석회암의 한 종류이고 중탄산칼슘이 용해된 물이 동굴 천장에서 떨어져 탄산칼슘 성분만 석회암에 다시 점차적으로 침적되면 종유석과 석순이 만들어진다. 마시는 물에 '연수'가

뼈를 만드는 원소

우리 몸에서 칼슘은 뼈의 재생을 돕는다. 이 과정은 끊임없이 일어나지만 임신한 여성이나 노인의 경우에는 천천히 진행된다. 칼슘을 충분히 섭취하지 않으면 뼈에서 칼슘이 빠져나가 뼈가 약해지고 쉽게 부러지는 골다공증이 생길 수 있다. 또한 칼슘은 출혈이 있을 때 혈액 응고를 돕기도 한다.

아닌 '경수'라는 표시가 있다면 그 물은 미네랄을 많이 함유하고 있다는 의미이다. 그 미네랄은 대부분 물이 석회암 등의 광물 위로 흐를 때 용해된 칼슘 화합물이다. 경수를 생활용수로 사용하면 칼슘 침전물이 주전자나 세탁기에 쌓여 막힐 수 있지만 건강에 해가 되진 않는다. 그리고 연수보다 경수로 만든 맥주가 더 맛있는 것 같다!

석고와 석회는 고대 시대부터 사용되었다. 모르타르나 시멘트의 중요한 성분인 석회는 로마인들이 사용했고, 그 이전에는 고대 이집트인들이 이집트 기자의 3대 피라미드 등을 짓는 데 사용했다. 석고는 수 세기 전부터 오늘날과 마찬가지로 뼈를 고정시키는 데 쓰였다.

²¹ 스칸듐 Scandium

	○ 화학 계열 **전이 금속**	○ 녹는점 **1,541°C**
21 **Sc** 44.955908 Scandium	○ 원자 번호 **21**	○ 끓는점 **2,836°C**
	○ 색 **은백색**	○ 발견된 해 **1879년**

    멘델레예프는 주기율표를 만들 때 네 자리를 비워두었다. 그리고 언젠가 각 자리에 들어갈 원소가 발견되어 주기율표가 다 채워질 것이라고 추측했다.

    그는 누락된 원소의 이름을 지을 때 이미 알고 있는 주변 원소들과의 관계를 고려했다. 그가 처음 만든 주기율표에서 붕소가 3족 맨 위에 있었기 때문에 원자 번호 21번 자리에 들어갈 원소 이름을 '에카-붕소'라고 지었다. 이 이름은 '붕소 아래에 있는 자리'라는 뜻이다. 후에 붕소는 13족 맨 위로 옮겨졌고 주기율표가 만들어진지 10년도 채 지나지 않아 3족의 맨 위에 위치하게 된 '에카-붕소' 자리를 채우는 스칸듐이 발견되었다. 멘델레예프의 예측이 들어맞으면서 그의 명성은 공고해졌고, 그의 연구에 전 세계의 관심이 집중되었다. 하지만 빈칸을 처음 채운 원소가 스칸듐은 아니다. 1875년에 발견된 갈륨이 처음으로 빈칸을 채웠다.

스웨덴 화학자 라르스 닐손은 1879년 육세나이트라는 광물에서 작은 산화스칸듐 시료를 분리했다. 거의 순수한 스칸듐은 오랜 세월이 흘러 1937년이 되어서야 추출해 낼 수 있었다. 새로운 원소가 스칸듐이라고 명명된 건 스칸디나비아에서 발견되었기 때문이다. 스칸듐은 희귀한 금속이다. 전 세계 생산량이 아직도 연간 약 10톤에 불과하다. 그래서 금보다 더 귀하게 여겨지지만 고급 금속으로 매매되기 보다는 산업용으로 쓰인다. 스칸듐은 우수한 합금을 만들 수 있는 경금속이다. 특히 스칸듐-알루미늄 합금은 항공기와 경량 스포츠 장비에 사용된다. 스칸듐아이오딘화물은 고성능 투광 조명등에 쓰인다. 스칸듐은 지구에서는 희귀하지만 우주 전역에서는 훨씬 흔하다. 태양과 달모두 지구보다 금속의 농도가 높기 때문이다.

²² 타이타늄 Titanium

22 **Ti** 47.867 Titanium	○ 화학 계열 **전이 금속**	○ 녹는점 **1,668°C**
	○ 원자 번호 **22**	○ 끓는점 **3,287°C**
	○ 색 **은색**	○ 발견된 해 **1791년**

치약, 과자, 페인트, 의약품 등과 같은 많은 상품들은 눈부신 흰색일 때 더 잘 팔린다. 이 상품들을 하얗게 만드는 가장 좋은 방법은 타이타늄 산화물인 타이타니아 또는 타이타늄옥사이드(타이타늄 화이트)를 사용하는 것이다.

산화타이타늄은 21세기의 유용한 발명품이다. 자동차 사이드미러를 코팅할 때 사용하면, 유리가 뿌옇게 되지 않고 빗물은 퍼져 나갈 뿐 아니라 먼지도 거의 붙지 않는다. 2001년에 처음으로 출시된 필킹턴 액티브 글라스가 그런 제품이었다.

타이타늄은 매우 흔하다. 지구에서 아홉 번째로 흔한 원소다. 하지만 타이타늄을 추출하는 것은 쉽지 않다. 타이타늄은 질소와 반응하는데 이 질소가 타이타늄 추출을 어렵게 만든다. 현재 가장 일반적인 방법은 크롤법Kroll process

이다. 이산화타이타늄을 약 1000°C까지 가열한 다음, 염소를 첨가해 타이타늄 염화물을 만든다. 이것을 아르곤 가스 속에 넣고 850°C에서 마그네슘과 반응시키면 순수한 타이타늄이 추출된다. 크롤법은 너무 비싸서 이용하지 못할 정도는 아니지만, 철과 같은 흔한 금속들보다 타이타늄의 가격이 높은 원인이다.

타이타늄은 매우 유용하다. 강철만큼 강하지만 무게는 반도 되지 않는다. 물속에서 부식되지 않으며 진동이나 충격에 의해 금속의 강도가 약해지는 일도 없다. 알루미늄처럼 산소와 반응하지만 금속을 보호하는 산화피막이 형성된다. 그래서 타이타늄은 운송 수단이나 스포츠 장비, 원양 항해선에 많이 이용된다. 또한 뼈와 잘 결합하기 때문에 고관절 치환술이나 치아 임플란트에 이상적이다.

타이타늄 산화물은 1791년에 윌리엄 그레고르라는 콘월의 목사가 처음으로 발견했다. 그는 이 검은 모래를 마나칸 지역 교구의 이름을 따서 '메나카나이트'라고 명명했다. 몇 년 후 독일 화학자 마르틴 하인리히 클라프로트는 금홍석에서 타이타늄을 발견했고, 메나카나이트에 들어 있는 새로운 원소와 같다는 사실을 깨달았다. 하지만 1910년이 되어서야 미국 제너럴 일렉트릭사의 화학자들이 순수한 타이타늄 금속을 추출하는 기초적인 방법을 발견했다.

²³ 바나듐 Vanadium

23 V 50.9415 Vanadium	○ 화학 계열 **전이 금속**	○ 녹는점 **1,910℃**
	○ 원자 번호 **23**	○ 끓는점 **3,407℃**
	○ 색 **은회색**	○ 발견된 해 **1801년**

바나듐은 합금을 만드는 데 자주 사용되는 금속이다. 전체 생산량의 80%가 강철에 첨가된다. 강철에 1% 미만의 바나듐과 아주 약간의 크로뮴을 더하면 충격과 진동에 강한 합금이 만들어진다. 바나듐 합금은 중성자를 잘 흡수하지 않기 때문에 원자로에도 사용된다. 유리와 세라믹용 안료로 쓰이고, 초전도 자석을 만들 때도 사용된다.

바나듐은 1801년에 멕시코의 안드레스 마누엘 델리오가 바나다이트라고 불리는 갈색 납 광석에서 처음으로 발견했다. 그가 그 광석을 다른 과학자들에게 보내 추가 분석을 요청했지만 프랑스 화학자는 그것이 새로운 원소가 아닌 크로뮴이라며 부탁을 거절했다. 그 광석이 여러 가지 색을 내는 암염을 함유하고 있어서 크로뮴처럼 보였기 때문이다. 1831년에는 스웨덴 화학자 닐스 가브리엘 세프스

트룀이 스웨덴 남부에서 캐낸 광석으로 만든 주철에도 바나듐이 함유된 것을 발견했다. 금속 노동자들은 자신들이 만든 철의 강도가 서로 다른 이유를 궁금해했다. 그 답은 바나듐에 있었다.

수년간 바나듐을 분리하려는 시도가 계속되었다. 그 중 두어 차례는 바나듐 분리에 성공했다고 주장했다. 마침내 1869년 헨리 로스코가 맨체스터에서 바나듐 시료를 만들었고, 이전에 만들어진 시료들이 모두 질화바나듐 화합물임을 증명했다. 일반적으로 산화바나듐을 고압 환경에서 칼슘으로 환원시키면 순수한 바나듐을 얻을 수 있다.

바나듐은 우리에게 꼭 필요한 영양소지만 매우 적은 양으로도 충분하다. 버섯, 조개류, 시금치, 통곡물, 후추, 허브의 일종인 딜 씨앗과 파슬리 등은 훌륭한 바나듐 공급원이다. 바나듐을 적절하게 섭취하면 인슐린에 대한 세포의 민감성이 증가하기 때문에 당뇨병 조절에 도움이 될 것으로 보고 있다.

²⁴ 크로뮴 Chromium

24 **Cr** 51.9961 Chromium	○ 화학 계열 **전이 금속**	○ 녹는점 **1,907°C**
	○ 원자 번호 **24**	○ 끓는점 **2,671°C**
	○ 색 **푸른색이 도는 은색**	○ 발견된 해 **1798년**

시베리아의 붉은 납 광석 크로코아이트는 18세기에 발견된 붉은 주황색 광물이다. 1798년, 프랑스 화학자 루이 보클랭은 크로코아이트에 이전에 발견되지 않은 원소가 들어 있음을 증명했고, 그 원소를 '색'이라는 뜻의 그리스어에서 이름을 따서 '크로뮴'이라고 명명했다. 크로뮴 화합물의 색이 아름답고 다양했기 때문이다.

보클랭은 자신이 발견한 크로뮴이 장식용 외에는 쓸모가 없다고 생각했다. 어느 정도는 그의 생각이 옳았다. 생산되는 크로뮴 중 매우 적은 양만이 자연에서 얻을 수 있는 형태 그대로 사용되는데, 일부 클래식 자동차와 플라스틱 가정용품의 광택 마감 처리로 크로뮴 도금을 하는 정도다. 크로뮴은 합금이나 화합물로 더 흔히 사용된다. 철에 크로뮴을 합금하여 만든 스테인리스강은 합금되지 않은 철과 달리 표면에 얇은 산화막을 형성해 잘 녹슬지 않는다.

크로뮴 화합물은 다양한 색을 만들 수 있어 페인트 안료로 사용된다. 산화크로뮴, 크로뮴산납, 크로뮴산소듐, 염화크로뮴, 무수 염화크로뮴은 각각 검붉은색, 주황색, 하늘색, 담록색, 암록색을 만든다. 크로뮴 황색은 통학 버스를 타고 다니는 미국 어린이들에게 특히 익숙한 색이다. 통학 버스가 어두운 곳에서도 눈에 잘 띄도록 크로뮴 황색으로 칠하곤 했는데 예전에 사용하던 페인트에는 납을 비롯한 여러 독성 물질이 들어 있어서 점차 무독성 페인트로 교체하고 있다.

크로뮴은 준보석에 색을 더하여 예쁘게 만들어주기도 한다. 강옥과 녹주석은 본래 무색의 산화물이지만, 극미량의 크로뮴이 섞이면 루비와 에메랄드가 된다. 금록석의 색깔 변화는 훨씬 더 특이하다. 금록석은 베릴륨의 알루민산염으로 무색이지만 크로뮴을 아주 조금 함유하면 알렉산드라이트가 된다. 이 준보석은 매우 많은 색을 띤다. 빛의 방향에 따라 다른 파장을 흡수하기 때문에 고급 알렉산드라이트는 위치나 조명에 따라 붉은 주황색에서, 노랑, 에메랄드 그린에 이르기까지 다양한 색으로 바뀔 수 있다.

망가니즈 Manganese

25	○ 화학 계열 **전이 금속**	○ 녹는점 **1,246°C**
Mn	○ 원자 번호 **25**	○ 끓는점 **2,061°C**
54.938044 Manganese	○ 색 **은색**	○ 발견된 해 **1774년**

프랑스의 유명한 라스코 동굴 벽화는 인류가 최초로 망가니즈 화합물을 사용한 증거를 보여 준다. 이 멋진 검은색 그림은 이산화망가니즈(또는 파이로루스광)라는 흑색 광물로 그려져 있다. 산화마그네슘은 고대 이집트에서 유리의 녹색 색조를 제거하는 데 사용되었다(산화마그네슘은 '유리 비누'라는 뜻의 사포 비트리_{sapo vitri}라고 알려졌다).

원소 형태의 망가니즈는 단단하지만 부러지기 쉬운 은빛 금속이다. 망가니즈의 약 1%는 강철을 만드는 '베서머법_{Bessemer process}'에 사용된다. 이 방법을 이용해 황화철을 황화망가니즈로 만든다. 황화망가니즈는 황화철보다 녹는점이 훨씬 높다. 망가니즈의 비율을 13%까지 높이면 망가니즈 강철이 만들어진다. 망가니즈 강철은 강도가 매우 크기 때문에 철로, 금고, 감옥의 빗장 등에 쓰인다. 망가니즈가 소량 첨가된 알루미늄-망가니즈 합금은 부식의 위험이 적기 때문에 음료수 캔을 만드는 데 사용된다.

18세기 초에는 망가니즈에 철이 들어 있는 것으로 생각했다. 하지만 베를린의 유리 제조업자가 그것이 사실이 아님을 증명한 이후로 많은 화학자들이 망가니즈를 분리하려 했다. 결국 1774년에 스웨덴 화학자 요한 고틀리에브 간이 분리에 성공했다. 사실 비엔나의 어떤 대학생이 몇

심해저를 굴러다니는 금속 덩어리, 망가니즈단괴

해저에 망가니즈가 다량 함유된 금속덩어리 수백만 개가 흩어져 있다는 말을 들어 보았는가? 망가니즈단괴가 해저의 $\frac{2}{3}$를 덮고 있는 곳도 있다. 특정 바다 생물의 행동으로 인해 그 덩어리들이 침전물 속에 묻히지 않게 되는 것 같다. 망가니즈단괴 형성 과정에 대한 이론은 매우 다양하지만, 과학자들은 모두 이 덩어리가 수백만 년에 걸쳐 '성장'했다는 점에는 동의한다. 광산 회사에서는 해저에서 망가니즈단괴를 채취할 수 있을 것으로 생각하고 깊은 관심을 보였다. 이론적으로는 채취가 가능하다고 하지만 아직까지 시도해 본 적은 없다. 비용이 매우 많이 들고 환경에 어떤 영향을 미칠지 모르기 때문이다.

년 전 분명히 망가니즈를 만들어냈는데 연구 결과를 제대로 알리지 못한 탓에 간에게 최초 발견자라는 영광스러운 자리를 빼앗겼다.

마그네슘과 망가니즈는 이름이 비슷하게 들린다. 두 이름은 모두 그리스 북부에 있는 마그네시아(자석 성분이 들어 있는 자철석이 처음 발견된 곳)에서 유래되었다. 한때는 마그네슘이 백 마그네시아로, 망가니즈는 흑 마그네시아로 불리기도 했다. 그런 혼란은 간의 놀라운 발견이 있기 전까지 지속되었다. 망가니즈는 철 다음으로 두 번째로 많이 존재하는 전이 금속이며 수백 가지의 광물 속에 존재한다. 망가니즈는 광합성과 특정 효소의 작용에 결정적인 역할을 한다. 우리는 견과류, 통곡물 시리얼, 겨, 파슬리, 영국인들이 그토록 사랑하는 향기로운 차와 같은 음식으로부터 망가니즈를 조금씩 섭취하고 있다.

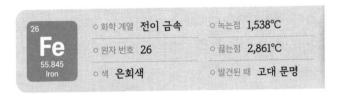

철은 인류 역사상 가장 중요한 금속 중 하나다. 질량 면에서 볼 때 지구상에서 가장 풍부한 원소이기도 하다. 지구의 핵이 대부분 철로 구성되어 있기 때문이다. 지구는 소용돌이치는 가스와 먼지로 이루어진 원시행성계 원반이 점차 응집되어 만들어졌다. 무거운 원소들과 철이 자연스럽게 가운데로 모여 고체인 내핵과 액체인 외핵이 만들어졌다. 핵에 철이 들어 있기 때문에 지구가 자기장을 형성한다. 남극과 북극이 각각 N극과 S극이 되고 자기장이 우주로까지 뻗어나가 지구에 해를 끼칠 수 있는 태양풍과 방사선을 편향시켜 지구에 도달하지 못하게 한다.

최초의 철 유물은 고대 이집트 시대로 거슬러 올라가지만 기원전 1500년경 철을 제련하는 법을 발견했던 건 아시아의 히타이트(현재 터키) 문명이었다. 이렇게 만들어진 철기로 사람들은 힘을 덜 들여 일할 수 있게 되었다. 히타이트인들은 수 세기 동안 자신들의 발견을 비밀로 간직했다. 하지만 기원전 1200년 제국이 침공당한 후, 철기 제조업자들이 기술을 보유한 채로 뿔뿔이 흩어져 철기 시대를 여는 기폭제 역할을 했다.

철은 주조, 용접, 가공되어 매우 다양한 형태가 된다. 역사의 여러 순간에서 사람들은 철을 탄소를 비롯한 여러 금속과 함께 제련하여 더 강하고 쉽게 부러지지 않는 강철을 만드는 방법을 발전시켰다. 다마스쿠스 강은 놀라울 정도로 단단하고 부러지지 않으며 날카로웠다. 이는 아마도 강철을 만드는 데 사용한 광석에 바나듐이 들어 있었기 때문일 것이다. 17세기에 더 효율적인 철 생산 방법이 발견되자 새로운 기술이 발전하여 이른바 산업혁명의 계기가 되었다. 1856년, 철강을 대량으로 생산하는 베서머법의 발명 이후로 기술은 더욱 발전했다. 이후로 철은 다리, 선박, 고층 건물, 자동차, 공구, 종이 클립에 이르기까지 쓰이지 않는 곳이 없다.

철의 가장 큰 단점은 산소와 접촉하면 쉽게 녹이 스는 것이다. 이 문제는 다양한 방법으로 완화할 수 있다. 철이나 강철을 주석이나 아연으로 도금하거나, 니켈과 합금하여 부식에 강하게 만드는 방법 등이 있다.

철은 생명 활동의 필수 요소이다. 철은 우리 몸에 다양한 형태로 존재하는데, 특히 혈액을 통해 산소를 운반하는 헤모글로빈 안에 있다. 철분을 적게 섭취하면 적혈구의 생산이 감소되어 빈혈이 발생한다. 빈혈이 생기면 쉽게 피곤해지고 호흡 곤란이 생길 수 있다. 가장 좋은 철분 공급원은 붉은 고기와 간, 아몬드와 땅콩 같은 특정 견과류, 빵, 달걀 등이다.

금과 납 등, 철보다 무거운 원소들은 모두 항성이 아닌 초신성에서만 형성되었다. 항성은 무거운 원소를 만들어 낼 만큼 뜨겁지 않기 때문이다.

코발트 Cobalt

27 **Co** 58.933194 Cobalt	○ 화학 계열 **전이 금속**	○ 녹는점 **1,495°C**
	○ 원자 번호 **27**	○ 끓는점 **2,927°C**
	○ 색 **푸른빛이 도는 은색**	○ 발견된 해 **1735년**

코발트는 4~5천년 동안 착색제로 사용되었다. 고대 이집트인들은 코발트를 이용해 코발트블루 페인트를 만들어 목걸이에 색을 입혔다. 기원전 1361년부터 1352년까지 이집트 파라오였던 투탕카멘의 무덤에는 코발트 광석으로 채색된 진청색 유리 공예품이 들어 있었다. 코발트는 도자기 유약을 만드는 데도 사용되었다. 염화코발트는 파란색 또는 녹색 착색제를 만들고, 물과 반응하면 장밋빛 빨간색을 만든다. 염화코발트를 더 재미있게 이용할 수도 있다. 염화코발트를 글리세롤이 든 물에 용해하면 보이지 않는 잉크를 만들 수 있다. 이 잉크로 쓰인 편지는 종이를 불에 가까이 가지고 가면 글자가 나타난다.

코발트는 독립적으로 존재하지 않는다. 광물 안에 있으며 종종 다른 전이 금속, 특히 구리, 니켈과 함께 들어 있다.

코발트는 주로 구리 광산의 부산물로 생산된다. 심해저에 흩어져 있는 망가니즈단괴에도 존재한다. 코발트는 우리 몸에 필요한 비타민 B12의 핵심 구성 원소이기 때문에 생물학적으로 중요한 의미를 갖는다. 우리는 보통 동물성 식품이나 비타민 B12가 강화된 시리얼에서 코발트를 섭취한다.

20세기 들어서 코발트의 새로운 활용법이 발견되었다. 코발트는 매우 강하고 단단하며 녹는점이 높다. 또한 철,

파란 도깨비, 코발트

코발트는 1735년 스웨덴 화학자 게오르그 브란트가 처음으로 분리했다. 그가 철 화합물을 만든 게 아니냐는 반론이 일기도 했지만, 결국엔 학계에서 그의 발견을 인정했다. 그는 코발트를 서양 동화 속 괴물 고블린의 독일어 '코볼트'에서 이름을 따서 명명했다. 이는 17세기 독일 광부들이 코발트를 함유하고 있는 광석을 가끔 은으로 착각하고 싫어했기 때문이다. 코발트는 녹는점이 높아 가공하기 어려웠지만 열을 가하면 유독한 비소 가스가 나와 광부들은 사악한 고블린이 장난을 친다고 생각했다.

니켈과 더불어 자성을 가진 세 전이 금속에 속한다. 이런 성질 때문에 내마모성이 강한 합금이 될 수 있으므로 드릴과 톱 등에 쓰인다. 고온에서도 자성을 유지하기 때문에 고속 모터 부품용 합금에도 사용된다.

니켈 Nickel

28 **Ni** 58.6934 Nickel	○ 화학 계열 **전이 금속**	○ 녹는점 **1,455°C**
	○ 원자 번호 **28**	○ 끓는점 **2,912°C**
	○ 색 **은백색**	○ 발견된 해 **1751년**

　니켈은 철 다음으로 지구핵의 중요한 성분이다. 지구에 계속 떨어지는 운석에도 니켈이 포함되어 있다. 니켈은 캐나다 온타리오와 영국 서드베리 인근 지역에서 많이 생산되는데 이 두 곳 모두 과거에 운석이 떨어진 곳이기 때문이다.

　니켈은 화합물 형태로 음식에도 들어 있다. 식물성 기름에 수소를 첨가하여 가열하는 경화 과정에 약간의 니켈이 쓰이고, 희한하게도 구운 콩에 니켈이 풍부하게 들어있다. 하지만 니켈은 주로 합금을 만드는 데 사용된다. 미국의 5센트 동전의 소재가 니켈이라고 알려져 있지만 사실은 25%의 니켈과 75%의 구리로 이루어져 있다. 니켈은 다른 동전에도 당연히 들어 있다. 토스터와 전기 오븐의 열선은 니켈과 크로뮴의 합금인 니크롬으로 만들어져 새빨

갛게 뜨거워져도 부식되지 않는다. 니켈, 철, 크로뮴이 합금되면 스테인리스강이 되고 니켈-구리 합금은 바닷물에서 염분을 빼는 담수화 과정에 사용되기도 한다. 철과 니켈의 화합물이 들어 있는 곰보버섯은 부식에 강해서 치명적인 플루오린 가스에 노출되어도 생존할 수 있다(50쪽 참조). 소량의 붕소, 알루미늄, 니켈이 들어간 초합금은 로켓 터빈과 비행기에 사용된다. 이 초합금은 매우 가볍고 고온에서 약해지기는커녕 오히려 더 강해지기 때문이다.

니켈광석을 발견한 독일 광부들이 니켈을 구리의 일종으로 생각하여 니콜라스의 구리(쿠퍼니켈)라고 불렀다. 니켈의 이름은 이 명칭에서 유래되었다. 1751년에 스웨덴 화학자 악셀 프레드릭 크론스테트가 가까스로 니켈을 분리했다. 하지만 니켈이 다른 합금이 아니라 진짜 새로운 원소라는 사실을 과학계가 받아들이기까지는 수년이 지나야만 했다.

구리 Copper

29 **Cu** 63.546 Copper	○ 화학 계열 **전이 금속**	○ 녹는점 **1,085°C**
	○ 원자 번호 **29**	○ 끓는점 **2,562°C**
	○ 색 **주홍색**	○ 발견된 때 **고대 문명**

구리는 천연 금속이다. 구리를 자연에서 순수한 형태나 합금의 형태로 발견할 수 있다는 뜻이다. 그런 이유 때문에 사람들은 제일 먼저 구리를 사용했다. 알려진 바에 따르면 구리는 약 1만년 전부터 사용되었다. 그 시대부터 이라크에는 구리 장신구가 있었다. 약 7000년 전에는 황화 광석에서 구리를 제련했고, 약 6000년 전부터 녹인 구리를 거푸집에 부어 모양을 만들었다. 가장 중요한 사실은 다른 금속과 합금하여 쓴 첫 번째 금속이 구리라는 것이다. 구리와 주석을 합금하면 청동을 만들 수 있다. 청동의 발견으로 금속 도구가 석기를 대체하기 시작했고, 바로 이 시점이 기원전 3500년경 시작된 청동기 시대의 기준이 된다. 금, 은과 함께 구리는 동전을 만드는 데 사용되었는데, 구리 동전은 보통 액면가가 낮았다.

구리의 원소 기호 Cu의 기원은 로마 시대로 거슬러 올라간다. 구리는 '사이프러스의 금속aes cyprius'이라고 불렸는데 사이프러스는 당시 최대 구리 산지였다. 후에 이 이름이 조금씩 변형되어 라틴어로 cuprum, 영어로 copper가 되었다.

구리는 독특한 붉은색을 띠며 단단한 금속이다. 고고학자가 이집트 기자의 피라미드를 발굴했을 때 배관 시설의 일부가 구리관인 것을 발견했다. 그 관들은 여전히 사용할 수 있는 상태였다. 구리는 열과 전기를 잘 전도하고 쉽게 늘어나므로 배선에 쓰이고 배관과 지붕 공사 등 건축에도 사용되며, 장식 예술품의 소재가 되기도 한다. 단, 구리로 만들어진 동상이나 공예품은 구리가 산화됨에 따라 푸른 녹으로 뒤덮인다. 구리 화합물, 특히 구리염은 남동석이나 터키석 같은 광물이 청록색을 띠게 만들고, 오래 전부터 청록색 페인트 안료를 만드는 데 사용되었다.

우리 신체는 미량의 구리가 필요하다. 여기에 한 가지 흥미로운 사실이 있다. 대부분의 어류와 포유류는 철이 함유된 헤모글로빈을 갖는 반면, 절지동물과 연체동물은 구리가 헤모글로빈 역할을 한다. 이 동물의 혈액 속에는 헤모글로빈이 아닌 구리를 함유한 헤모시아닌이라는 혈색소가 들어 있다.

아연 Zinc

30 **Zn** 65.38 Zinc	○ 화학 계열 **전이 금속**	○ 녹는점 **420°C**
	○ 원자 번호 **30**	○ 끓는점 **907°C**
	○ 색 **푸른빛을 띠는 흰색**	○ 발견된 해 **1746년**

원소의 '발견' 시기를 정확하게 결정하기가 까다로운 경우가 있다. 화학자가 원소를 처음으로 추출한 날로 정하는게 가장 좋을 때도 있고, 원소가 처음 발견되거나 확인된날로 정하는 게 좋을 때도 있다. 이미 알다시피 로마 사람들이 아연을 사용했고 고고학적 증거에 따르면 12세기부터 16세기까지 인도에서 아연을 제련했다고 한다. 역사가들은 일반적으로 1746년에 독일 화학자 안드레아스 마르그라프가 처음으로 아연이 새로운 원소임을 밝혔다고 기록하지만, 17세기 벨기에 금속학자인 모라 드 레스푸르는자신이 산화아연에서 아연을 추출했다고 기록했다.

아연은 강철이 부식되지 않도록 도금을 하는 데 가장 많이 쓰인다. 전기 아연도금 방법은 루이지 갈바니가 발명했는데 그는 전류를 흘려 개구리 다리에 경련이 일어나게 한 것으로도 유명했다. 일반적인 도금 방법은 철이나 강철을 잠시 아연 용액에 담그는 용융아연도금이다. 그렇게 아연 피막을 입히면 철의 산화가 방지된다.

아연과 구리를 합금하면 황동이 만들어진다. 황동은 문 손잡이에서부터 지퍼, 오케스트라의 금관 악기에까지 널 리 사용된다. 아연 화합물에는 황화아연과 산화아연 등이 있다. 황화아연은 페인트와 형광등을 만드는 데 사용되고, 다양한 제품에 들어가는 산화아연은 칼라민 로션(소염, 보 호 작용을 하는 수렴 화장수-옮긴이)의 주성분으로 유명하다.

아름다운 파리의 지붕

19세기에 파리 시장 오스만 남작이 도시 정비 사업을 했을 때, 지붕을 만드는 데 주로 아연이 80% 함유된 합금을 사용 했다. 아름다운 은회색 지붕은 파리의 상징적 이미지가 되어 많은 예술가와 영화감독에게 영감을 불어넣었다. 최근에는 이 지붕들이 '매우 귀중한 문화재'로 인정받아 유네스코 세계문 화유산으로 지정될 가능성이 커졌다. 게다가 이 지붕들은 친 환경적이다. 빗물이 지붕 위로 흘러도 납이나 다른 중금속과 달리 아연은 녹아 나오지 않는다.

31 갈륨 Gallium

31 **Ga** 69.723 Gallium	○ 화학 계열 **전이 후 금속**	○ 녹는점 **30°C**	
	○ 원자 번호 **31**	○ 끓는점 **2,229°C**	
	○ 색 **은백색**	○ 발견된 해 **1875년**	

갈륨은 멘델레예프가 만든 주기율표의 빈칸을 가장 먼저 채운 원소다. 그는 알루미늄 아래의 빈칸에 들어갈 원소가 있을 것이라고 믿고, 에카-알루미늄(알루미늄 아래라는 뜻-옮긴이)이라고 불렀다. 이 빈칸은 주기율표가 만들어진 지 5년 만에 채워졌다.

프랑스 과학자 폴 에밀 르코크 드 부아보드랑은 멘델레예프가 어떤 예측을 했는지 알지도 못했다. 그가 분광기를 이용해 섬아연광 조각을 관찰했을 때 스펙트럼에서 특이한 보라색 선 두 줄을 발견했다. 그는 이 원소를 분리해 갈륨이라고 명명했다. 갈륨은 자기 이름과 동음이의어인 르코크lecog(수탉)에 해당하는 라틴어 갈루스gallus에서 이름을 딴 것이다. 갈륨은 알루미늄 원광인 보크사이트와 같은 광물에서 발견된다. 하지만 대부분 보크사이트에서 알루미늄을 제련할 때와 같이 다양한 금속을 만드는 과정에서 부산물로 나온다.

고체 갈륨 조각을 손에 들고 있으면 녹는다. 녹는점이 매우 낮기 때문이다. 어떤 과학자들은 이 성질을 이용해 갈륨 수저를 만들어 장난을 친다. 이 수저로 커피나 차를 저을 때 녹는 걸 보여 주면 사람들은 놀랄 것이다.

온도계를 만들 때 사용하는 수은은 유독하기 때문에 갈륨이 더 선호되곤 한다. 갈륨은 반도체 성질을 가지고 있어서 상당히 유용하다. 갈륨비소 반도체는 기존의 실리콘 반도체보다 더 빠른 속도를 자랑한다. 갈륨은 대부분의 금속과 합금될 수 있고 녹는점이 낮은 합금을 만들 때 사용된다. 또한 의학 분야에서도 쓰이는데, 방사성 동위 원소인 갈륨-67은 암의 성장을 진단하고 위치를 추적하는데 이용된다. 차세대 말라리아 치료제 연구에도 갈륨 화합물이 계속 활용되고 있다.

저마늄 Germanium

32 **Ge** 72.630 Germanium	○ 화학 계열 **준금속**	○ 녹는점 **938°C**
	○ 원자 번호 **32**	○ 끓는점 **2,883°C**
	○ 색 **은회색**	○ 발견된 해 **1886년**

　1885년에 독일 프라이부르크 인근의 은 광산에서 희귀한 광물(현재 아기로다이트로 알려져 있다)이 발견되었다. 이 광물을 발견한 광물학자는 분석을 통해 그 안에 은(75%)과 황(18%) 외에 알 수 없는 원소(7%)가 있음을 알아냈다. 그는 이것이 어떤 면에서는 금속성을 갖는 새로운 원소임이 틀림없다고 생각했다. 이 원소도 멘델레예프가 예견했던 원소였다. 그는 실리콘 아래의 빈칸에 들어갈 것으로 생각해 '에카-실리콘'이라고 불렀는데 이 원소의 경우 그의 예측이 특히 정확히 들어맞았다. 그는 이 원소의 원자량을 72로 예측했는데, 저마늄의 실제 원자량은 72.6이다. 농도도 거의 비슷하게 예상했으며, 저마늄의 녹는점이 높고 회색일 것이라는 예상도 옳았다.

　처음에는 저마늄을 어디에 사용해야 할지 몰랐다. 게다

가 저마늄은 겨우 지각의 0.00016%를 차지하고 있기 때문에 매우 적은 양만 생산되었다. 제2차 세계대전 동안 미국 과학자들이 저마늄을 반도체로 이용할 수 있음을 발견했다. 이것이 저마늄을 금속으로 분류할 수 없는 특징 중하나이며 '준금속'이라고 불리는 이유다(준금속은 동소체에 따라 금속이기도 하고 비금속이기도 하기 때문에 논란이 되고 있다. 준금속은 주기율표의 왼쪽 위에 있는 붕소에서부터 오른쪽 아래에 있는 폴로늄까지 대각선으로 이어진다*).

저마늄은 후에 실리콘을 비롯한 다른 물질들로 대체되었지만 최근에 태양 전지판의 반도체로 다시 이용되고 있다. 저마늄은 굴절률(빛이 매질 안에서 진행 방향이 꺾이는 정도를 나타내는 수)이 높아 빛을 적게 분산시키기 때문에 광섬유 케이블의 소재가 되기도 한다.

---

* 붕소, 실리콘, 저마늄, 비소, 안티모니, 텔루륨은 일반적으로 준금속으로 분류된다. 탄소, 알루미늄, 셀레늄, 폴로늄, 아스타틴도 동소체에 따라 준금속에 포함되기도 한다.

기적의 치료법?

저마늄 화합물이 건강에 매우 이롭다는 주장이 여기저기서 일어났다. 예를 들어, 어린 소녀가 성모 마리아의 환영을 본 곳으로 알려진 루르드의 작은 동굴에서 샘물을 마시거나 바른 수천 명의 사람들이 치유를 받을 수 있었던 건 샘의 저마늄 함량이 높기 때문이라고 한다. 저마늄은 에이즈, 암을 비롯한 기타 소소한 질병들도 치료한다고 홍보된다. 하지만 이런 주장에 대한 과학적 증거는 없다. 저마늄이 마늘 등의 음식에 아주 조금씩 들어있지만, 저마늄을 과도하게 섭취하면 신경계나 신장에 해가 될 수 있다.

비소 Arsenic

33 **As** 74.921595 Arsenic	○ 화학 계열 **준금속**		○ 녹는점 **—**
	○ 원자 번호 **33**		○ 승화점 **616°C**
	○ 색 **회색**		○ 발견된 때 **고대 문명**

비소 화합물은 살충제, 착색제, 목재 보존제, 동물 사료, 매독이나 암, 건선 치료제, 불꽃놀이에 쓰이고 갈륨비소는 반도체로 사용된다. 하지만 비소는 역사적으로 볼 때 독약으로 사용된 경우가 많았다.

1836년에 모발 분석법이 생겨 장기간의 비소 축적을 확인할 수 있게 되었지만, 그 이전에는 피해자의 신체를 분석해 비소 중독 여부를 판단하는 것이 불가능했다. 다시 말해 비소가 한 번에 다량 투여되었는지, 오랜 시간에 걸쳐 천천히 쌓여 중독되었던 건지 알 길이 없었다. 비소는 부유한 친척을 죽이는 데 자주 사용되었기 때문에 '상속의 가루'로 알려졌다. 비소를 사용해 부를 축적한 것으로 악명 높은 보르자 가문의 세 사람, 교황 알렉산데르 6세와 그의 두 자녀 체사르와 루크레치아는 부유한 추기경과 주교

들을 많이 살해했다. 그리고 그들의 유산은 교황의 몫이
되었다.

고대 이집트인들은 비소를 노란색을 띠는 황화물 결정
으로 여겨 '웅황orpiment'이라고 불렀다. 중국인들은 적어도
500년도 전에 비소를 살충제로 사용했고, 파라셀수스(현대
독성학의 아버지로 알려진 연금술사)는 금속 비소 제조법에 관
한 책을 썼다. 웅황은 파리스 그린(밝은 녹황색-옮긴이) 또는
셸레 그린(변치 않는 녹청색-옮긴이)으로 알려진 페인트의 안

화학의 마법사, 연금술사

연금술사는 금에 대한 이상한 믿음을 굳게 가지고 있는 미치
광이 마법사로 묘사되곤 한다. 사실 그들은 당대의 화학자일
뿐이고, 자신을 둘러싼 세계가 무엇으로 이루어져 있는지 이
해하기 위해 연구했다. 금속 물질이 놀라운 실험 과정을 통해
얼마나 많이 만들어지는지 이해한다면, 그들의 믿음이 당연하
게 느껴질 것이다. 13세기의 대학자 알베르투스 마그누스의
글을 보면 하얀 돌이나 모래처럼 생긴 하얀 비소에 올리브 오
일을 섞은 후 가열하면 회색을 띠는 금속 형태의 비소를 만들
수 있다고 한다. 마법이 따로 없다.

료로 사용되었다. 세인트헬레나 섬에 유배된 나폴레옹 보나파르트는 방의 벽을 셸레 그린으로 칠했다. 그런데 벽지가 축축해지거나 곰팡이가 피면 페인트 안료에서 독성이 강한 비소 가스가 분출되었다. 벽지 때문에 그가 비소 중독으로 죽게 되었을 거라고 추측하는 사람도 있지만, 결정적인 증거는 없다.

비소는 대부분 구리나 납을 제련할 때 부산물로 만들어지지만 형태는 다양하다. 회색의 금속성 비소는 잘 부스러지는 준금속 고체이고, 가끔 순수한 형태로 발견되지만 일반적으로 산화되어 산화비소가 된다. 이때 불쾌한 냄새가 나는데, 특별한 중독 검증 방법이 없던 시절에는 누군가 비소 중독으로 죽었을 때 이 냄새가 숨길 수 없는 증거가 되었다.

³⁴ 셀레늄 <small>Selenium</small>

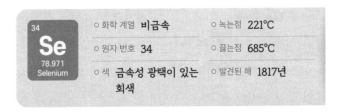

34 **Se** 78.971 Selenium	○ 화학 계열 **비금속**	○ 녹는점 **221°C**
	○ 원자 번호 **34**	○ 끓는점 **685°C**
	○ 색 **금속성 광택이 있는 회색**	○ 발견된 해 **1817년**

　사람이 반드시 음식을 통해 섭취해야 할 원소지만 지나치게 많은 양을 섭취하면 오히려 독이 되는 원소도 있다. 셀레늄도 그 중 하나다. 셀레늄은 인체 내 특정 효소 생산에 중요한 역할을 하며 견과류, 참치 등 다양한 식품에서 섭취할 수 있다.

　최근 진행된 임상 실험에 따르면, 요즘 사람들은 셀레늄이 풍부한 동물 내장을 잘 먹지 않기 때문에 셀레늄 섭취가 감소하여 남성들의 정자 수가 줄어들었다고 한다. 반면에 셀레늄 보충제를 먹은 참가자들은 보충제를 먹지 않은 통제 집단보다 정자의 수가 훨씬 더 많았다. 하지만 셀레늄을 다량으로 섭취하면 입냄새, 탈모, 손톱 약화, 피로감, 의식 장애, 심지어 치명적인 간경화증까지 생길 수 있다. 셀레늄의 독성은 비듬을 만드는 두피 곰팡이에도 치명적이기 때문에 황화셀레늄을 안전한 양만큼 비듬 방지 샴푸에 넣는다.

셀레늄은 1817년에 옌스 야콥 베르셀리우스가 발견했다. 그는 황산을 만들던 방에 쌓인 붉은 가루의 화학 성분을 연구하고 있었다. 처음엔 그 가루가 텔루륨(163쪽 참조)인줄 알았지만, 후에 새로운 원소임을 깨닫고 달의 여신인 셀레네의 이름을 따서 셀레늄이라고 명명했다. 베르셀리우스는 셀레늄이 구취를 유발한다는 사실을 자연스럽게 알게 되었다. 셀레늄에 자주 노출된 자신의 입에서 냄새가 났던 것이다. 셀레늄은 은빛 금속성 물질의 형태를 취하기도 해서 일부 화학자들은 셀레늄을 준금속으로 정의한다.

현재 셀레늄은 주로 유리 제조 과정에서 첨가물로 사용된다. 넣는 양에 따라 유리에서 녹색 색조를 탈색하거나

·

집에서 실험하지 마세요!

과학 시간에 선생님이 시범 실험을 보일 때 항상 하는 말이다. 하지만 옌스 야콥 베르셀리우스가 무시한 말이기도 하다. 그는 대부분의 실험을 스톡홀름의 니브로가탄과 리다르가탄 모퉁이에 있던 그의 아파트 주방에서 진행했다.

·

붉은 청동색을 착색할 수 있다. 다양한 셀레늄 화합물은 광전지, 태양 전지, 복사기에 사용되고 합성 고무를 더 단단하게 만들며, 청동과 합금되어 파이프를 만든다.

35 브로민 Bromine

35	○ 화학 계열 **할로겐**	○ 녹는점 −7°C
Br	○ 원자 번호 **35**	○ 끓는점 **59°C**
79.904 Bromine	○ 색 **짙은 빨간색**	○ 발견된 해 **1826년**

일반 대기 환경에서 액체 상태인 원소는 손에 꼽힌다. 브로민이 그 원소 중 하나다. 진한 빨간색의 브로민은 유성이며 독성이 있고 지독한 냄새가 난다. 브로민의 이름은 '악취'를 뜻하는 그리스어 브로모스bromos에서 유래한다. 브로민은 1826년에 앙투안 제롬 발라르가 발견했다. 그는 소금물을 가져다 대부분의 물을 증발시킨 후, 염소 가스를 통과시켰다. 그러자 브로민이 증발하였고 그 기체를 응축하자 진홍색 액체가 되었다. 이는 발라르가 예측한 대로 발견되지 않은 새로운 원소였다. 이 실험은 소금물, 특히 사해의 소금물이 음전하를 띠는 브로민화 이온을 함유하고 있기 때문에 가능하다.

브로민화은은 사진을 인화할 때 감광제로 사용되었고, 브로민화포타슘은 신경 안정제로 쓰였다. 휘발유에는 다

귀족의 상징, 보라색

볼리누스 브란다리스라는 바다 고둥이 분비하는 점액으로 만드는 염료인 티리언 퍼플은 한때 거대한 부와 권력의 상징이었다. 진하고 선명한 이 염료는 생산 비용이 너무 비쌌다. 적은 양을 생산하는 데에도 수천 마리의 고둥이 필요했기 때문이다. 로마 황제가 걸치는 근사한 보라색 토가를 티리언 퍼플로 염색했는데, 이것이 '보라색 옷을 입는다'는 말이 '권력을 갖는다'는 의미를 갖게 된 기원이다.

이브로모메탄이 들어 있었고, 브로모메탄(브로민화메틸)으로 토양을 소독했다. 이중 일부는 현재 더 나은 대체제가 발견되어 쓸모없어졌고 일부는 사용이 금지되었다. 프레온 가스CFC의 생산을 금지하는 몬트리올 의정서에서 브로민 원자가 대기를 오염시킨다는 이유로 브로민 화합물의 사용도 줄일 것을 요청했다. 하지만 브로모메탄은 대체제를 찾기가 어렵기 때문에 여전히 많은 곳에서 토양의 해충을 죽이고 목재를 소독하는 데 사용한다. 브로민 화합물은 노트북의 플라스틱 케이스에 들어가는 난연제와 소화기 소화 물질로 널리 쓰이고 있다.

36 크립톤 Krypton

36 **Kr** 83.798 Krypton	○ 화학 계열 **비활성 기체**	○ 녹는점 **-157°C**
	○ 원자 번호 **36**	○ 끓는점 **-153°C**
	○ 색 **무색**	○ 발견된 해 **1898년**

1898년, 윌리엄 램지와 모리스 트래버스가 네온을 발견하기 전 같은 해에, 비활성 기체에 속하는 네 번째 원소인 크립톤도 발견했다. 그들은 아르곤을 액화하고 증발시켰다. 더 무거운 원소가 남는지 보기 위해서였다. 그 결과 아르곤 15리터를 이용해 25세제곱센티미터의 기체를 가까스로 얻었다. 분광기로 분석한 결과 그 기체는 분명히 새로운 원소였다. 그 기체가 아르곤에 숨어 있었기 때문에 '숨겨져 있다'는 뜻의 그리스어kryptos에서 이름을 따 크립톤이라고 명명했다.

크립톤은 냄새와 색이 없고 플루오린을 제외하고는 다른 원소와 쉽게 반응하지 않는다. 부피 면에서 보면 지구 대기의 백만 분의 1밖에 되지 않는다. 크립톤은 에너지 절약형 형광등과 다양한 색상을 만드는 네온사인 조명 안에 들어가며, 플루오린화크립톤으로는 레이저를 만든다.

냉전 시대에 서양 과학자들은 방사성 동위 원소 크립톤-85를 철의 장막에 가려진 구소련 진영 나라들을 감시하는 데 사용했다. 크립톤-85가 원자력 발전소에서 일정한 비율로 생산되기 때문에 핵시설에서 생산되는 크립톤의 양을 측정하고, 자연 상태에서 존재하는 크립톤의 양과 비교함으로써 러시아의 영향력 하에 있는 나라들의 핵 개발 수준을 예측할 수 있었다.

크립토나이트가 발견되었다!

2006년에 개봉한 영화 <슈퍼맨 리턴즈>에서 슈퍼맨의 초능력을 사라지게 하는 외계 광물 크립토나이트가 나오는데, 이 물질은 플루오린, 소듐, 리튬, 붕소, 규소, 수소, 산소로 이루어진 화합물이라고 한다. 이것은 2007년에 발견된 광물 자다라이트와 매우 비슷하다. 하지만 크립토나이트가 '실제로' 존재한다고 주장하여 언론의 관심을 끌었던 과학자들은 자다라이트가 플루오린을 함유하고 있지 않고, 크립토나이트처럼 기묘한 녹색 빛을 발하지 않는 점을 분명히 언급해야 했다. 아주 비슷했지만 같은 건 아니었다.

그리고 DC 코믹스에서 나중에 나온 많은 영화와 만화에서 슈퍼맨, 슈퍼걸, 크립토 더 독의 고향으로 소개된 가상의 행성 크립톤도 당연히 크립톤에서 영감을 받아 만들어진 것이다.

루비듐 Rubidium

37 **Rb** 85.4678 Rubidium	○ 화학 계열 **알칼리 금속**	○ 녹는점 **39°C**
	○ 원자 번호 **37**	○ 끓는점 **688°C**
	○ 색 **은백색**	○ 발견된 해 **1861년**

　주기율표에서 제일 오른쪽 열에 속하는 희귀 가스들이 모두 비활성이고 비슷한 화학적 성질을 많이 가지고 있듯이, 제일 왼쪽 열에 속하는 1족 원소들도 모두 녹는점이 낮고 반응성이 매우 높은 연성 금속이다. 과학 시간에 물속에서 리튬이나 소듐이 강한 반응을 일으키는 것을 관찰할 수 있지만, 루비듐으로 실험하진 않는다. 낮은 온도에서 액체가 되는 루비듐은 훨씬 더 극적이고 위험한 반응을 일으킨다. 루비듐은 공기 중에서 갑자기 불이 붙을 수 있기 때문에 진공이나 아르곤과 같은 기체 속에 보관해야 한다. 루비듐을 물과 접촉시키면 즉각적으로 격렬한 폭발이 일어나서 물에서 방출된 수소에 불이 붙을 것이다.

　루비듐은 널리 쓰이진 않는다. 루비듐의 동위 원소 중에는 방사성 원소 루비듐-87이 있는데 이 원소의 반감기는 500억 년이다. 빅뱅 이후 대략 140억 년이 지났다는 것을 고려하면 이 방사성 붕괴 속도는 상당히 느리다. 루비듐-87이 붕괴하면 스트론튬-87이 만들어진다. 따라서 루비듐과 스트론튬의 양을 분광기로 비교하면 고대 암석의 나이를 정확하게 측정할 수 있다.

세슘처럼 루비듐도 궤도 운동을 하는 전자가 전이할 때 방출하는 복사선의 주파수에 해당하는 극초단파를 이용하는 원자시계에 사용된다. 루비듐은 인체 안에서도 발견되

분젠 버너와 분광기의 아버지

만약 이 훌륭한 두 과학 기구에 어떤 공통점이 있는가라는 질문을 받는다면, 로버트 분젠이라고 답해야 한다. 그는 분젠 버너를 발명했고, 1859년에는 구스타프 키르히호프와 함께 분광기를 공동으로 발명했다. 분광기는 지금까지 새로운 원소들을 발견하는 데 많이 사용되었다. 1861년까지 분젠과 키르히호프는 분광기를 이용해 세슘과 루비듐을 발견했다. 루비듐은 1861년, 리튬운모에서 발견되었으며, 스펙트럼에 선명한 루비색이 나타나 루비를 뜻하는 라틴어 rubidus에서 이름을 따 명명했다.

지만, 몸 밖으로 쉽게 배출되기 때문에 인체에 무해하다. 인체는 포타슘과 루비듐을 같은 것으로 착각하기 때문에 인체 내 포타슘을 추적하는 데 루비듐을 이용하고, 방사성 동위 원소 루비듐-82는 뇌종양의 위치를 찾는 데에도 사용된다.

스트론튬 Strontium

38 **Sr** 87.62 Strontium	○ 화학 계열 **알칼리 토금속**	○ 녹는점 777°C
	○ 원자 번호 **38**	○ 끓는점 1,377°C
	○ 색 **은회색**	○ 발견된 해 **1790년**

　18세기 말 스코틀랜드 서쪽 선아트 호숫가에 있는 스트론티안 마을 근처의 납 광산에서 이상한 광물이 발견되었다. 이 광물을 에든버러로 보내 분석을 요청하자 과학자 토마스 찰스 호프가 그 광물에 새로운 원소가 있음을 증명했다. 그는 이 물질을 초로 태우면 빨간 불꽃이 나타난다고 언급했다. 1808년에 험프리 데이비가 이 새로운 원소를 분리하고 스트론튬이라고 명명했다.

　스트론튬은 아마도 빨간 불꽃을 내는 것으로 우리에게 익숙할 것이다. 불꽃놀이에서 볼 수 있는 빨간 불꽃이 스트론튬을 이용한 것이다. 스트론튬은 금속이며 베릴륨, 마그네슘, 칼슘 등 다른 2족 원소들과 비슷하다. 스트론튬은 무르고 쉽게 반응하여 산화물을 형성하고, 광물 화합물의 형태로만 발견된다. 그중 하나인 청천석(황산스트론튬)은

18세기에 영국 웨스트컨트리에서 발견되었는데 당시 청천석은 지역 주민들이 정원 장식용 자갈로 쓰고 있었다.

방사성 동위 원소인 스트론튬-90은 1945년부터 핵실험을 통해 생성되었다. 이 원소는 인체에 해롭다. 목초지와 유제품을 통해 먹이사슬을 따라 체내로 들어오면 인체는 이 원소를 칼슘으로 착각하고 뼈와 치아에 축적한다. 스트론튬은 1986년에 발생한 체르노빌 원전 사고 때에도 대기로 방출되어 러시아와 유럽 일대로 퍼져 나간 유해 물질 중 하나였다.

스트론튬은 칼슘과 화학적 성질이 유사하기 때문에 의학적으로 유용하게 사용된다. 암 치료를 할 때 스트론튬은 방사능 추적자가 되어 의사들이 암세포의 움직임 및 추이를 추적할 수 있게 해 준다. 비방사능염인 스트론튬라네레이드는 늙은 뼈 조직이 약해지는 것을 지연시키고 골생성을 촉진하기 때문에 골다공증 치료에 이용된다.

이트륨 Yttrium

	○ 화학 계열 **전이 금속**	○ 녹는점 **1,522°C**
39 **Y** 88.90584 Yttrium	○ 원자 번호 **39**	○ 끓는점 **3,345°C**
	○ 색 **은백색**	○ 발견된 해 **1828년**

스웨덴 스톡홀름에서 차로 30분 정도 걸리는 레사로 섬의 작은 마을 이테르비에는 현재 소박한 주택들이 들어서 있다. 하지만 과거에 이테르비는 스웨덴에서 도자기용 장석과 석영을 가장 많이 생산하는 광산의 본거지였다. 그래서 이테르비에서 유래된 이름을 가진 원소들이 가장 많은 것은 당연한 일이다.

1787년, 군인이자 아마추어 화학자인 칼 악셀 아레니우스가 검은 광물 한 덩이를 발견했다. 겉보기엔 대단치 않게 보였지만 이상할 정도로 무거웠다. 이 광물은 나중에 '가돌리나이트'라고 명명되었는데 가끔 '이테르바이트'라고도 한다. 스웨덴 화학자 요한 가돌린(184쪽 참조)은 그 광물의 38% 정도가 새로운 미확인 '토류(알려지지 않은 산화물이라는 의미)'임을 보였다. 그 토류가 숯과 함께 가열하거나 기존에 알려진 다른 방법을 사용했을 때에도 환원되지 않았던 것이다.

1828년이 되어서야 프리드리히 뵐러가 그 산화물에서 순수한 이트륨을 가까스로 분리했다. 포타슘과 강렬한 반응을 한 후 산소가 분리되자 순수한 이트륨이 생성되었다. 이트륨은 지구보다 달에서 훨씬 흔하다고 한다. 달 탐사 우주 비행사들이 가져온 월석을 분석한 결과 이트륨 함량이 더 높았다. 뒤에서 소개하겠지만 가돌리나이트 안에는 알려지지 않은 원소가 세 가지나 더 숨어 있었다. 놀랍게도 이트륨의 발견이 계기가 되어 그 세 원소들이 발견되었다(184쪽 참조).

이트륨은 무른 은빛 금속이다. 공기 중에서 쉽게 불이 붙기 때문에 질소 안에서 조심스럽게 다루어야 한다. 이트륨은 알루미늄 합금과 마그네슘 합금을 더욱 강하게 만들고, 레이더용 마이크로파 필터, LED 조명, 레이저에 쓰인다. 산화이트륨을 유리에 첨가하면 유리가 열과 충격에 강해지기 때문에 방탄유리 등을 만드는 데 사용된다.

최근에는 이트륨바륨구리산화물YBCO에 많은 과학자들이 관심을 가지고 있다. 1980년대에 두 미국 과학자는 YBCO가 절대 온도 95K(대략 -178℃)에서 초전도체가 되는 것(YBCO가 에너지 손실없이 전류를 흘린다는 의미)을 증명했다.

이론적으로는 이 물질을 이용하면 저렴한 MRI 스캐너를 만들 수 있다. YBCO의 온도를 낮출 때 비싼 액체 헬륨이 아닌 액체 질소를 이용할 수 있기 때문이다. 하지만 현실이 되기에는 아직 해결해야 할 기술적 난제가 여전히 많다.

지르코늄 Zirconium

40 **Zr** 91.224 Zirconium	○ 화학 계열 **전이 금속**	○ 녹는점 **1,855°C**
	○ 원자 번호 **40**	○ 끓는점 **4,409°C**
	○ 색 **은백색**	○ 발견된 해 **1789년**

2천여 년 전부터 인류는 아랍어로는 자르군, 영어로 지르콘이라고 불리는 금색 준보석을 알고 있었다. 이 준보석은 오늘날 인공적으로도 만들어진다. 인공 지르코늄은 다이아몬드보다 더 반짝반짝 빛나고 밀도도 더 높지만 단단하진 않다. 그래서 인공 지르코늄은 처음부터 모조 다이아몬드로 여겨졌다. 1789년, 마르틴 클라프로트가 지르콘에서 지르코니아(산화지르코늄)를 분리하려고 했을 때 지르코늄을 발견했고, 1824년에 베르셀리우스가 약간 불순한 지르코늄을 가까스로 분리했다. 지르코늄은 단단하고 가벼우며, 은색을 띠고 부식에 매우 강하다. 지르코늄에 줄질을 해서 만든 가루를 분젠 버너 불꽃 위에 떨어뜨리면 철가루를 떨어뜨릴 때보다 더 크고 화려한 불꽃이 튄다.

세라믹스 산업에서는 도자기에 윤을 내는 안료에 지르

코늄을 넣고, 산화지르코늄을 이용하여 고온을 견딜 수 있는 강도 높은 세라믹스를 만든다. 지르코니아 도가니는 빨갛게 달궈져 있을 때 차가운 물에 넣어도 깨지지 않고 급격한 온도 변화에도 잘 견딘다. 이와 같이 매우 강한 세라믹스는 칼, 골프채, 절삭 공구 등을 만드는 데 사용된다. 지르코늄산화물은 화장품, 탈취제, 마이크로파 필터를 만들 때에도 이용된다.

지르코늄이 가장 중요하게 쓰이는 곳은 원자로다. 지르코늄은 중성자를 흡수하지 않는 금속이기 때문에 원자로 내 핵연료봉의 피복재로 쓰이지만 원전 사고가 발생하면 큰 위험을 초래할 수 있다. 상당히 높은 온도에서 지르코늄은 수증기와 반응해서 수소 가스와 산화지르코늄을 생성한다. 수소 가스는 폭발하고 산화지르코늄은 지르코늄 합금으로 피복된 핵연료봉을 붕괴시킨다. 이렇게 1986년에 체르노빌 원전 사고가 일어났다. 원자로가 전례 없던 수준으로 가열되면서 지르코늄 반응으로 인해 원자로 루프는 온도를 점점 더 제어할 수 없게 되었고, 그 결과 참혹한 사고가 발생했다.

⁴¹ 나이오븀 Niobium

○ 화학 계열 **전이 금속**	○ 녹는점 **2,477°C**
○ 원자 번호 **41**	○ 끓는점 **4,744°C**
○ 색 **칙칙한 회색**	○ 발견된 해 **1801년**

41
Nb
92.90637
Niobium

　　이 책을 읽는 동안 새로운 원소의 발견이 가속화되었던 특정 시기가 있었다는 것을 아마 눈치 챘을 것이다. 첫 번째 시기는 멘델레예프의 주기율표가 발표되고 난 후였다. 많은 화학자들이 '누락된 원소'들을 찾기 시작했기 때문이다. 그리고 그 이전 18세기 말에, 라부아지에의 질량보존의 법칙(1789년)과 프루스트의 일정성분비의 법칙(1799년)에서 영감을 받은 존 돌턴이 원자론을 정립하였으며, '원소'의 개념을 폭넓게 이해하게 해 주었다.

　　이런 모든 과정이 나이오븀을 발견하는 데 영감을 주었다. 1801년, 영국 박물관에서 일하고 있던 화학자 찰스 해칫은 컬럼바이트 광석 시료를 연구하기 시작했다. 그는 실험을 통해 컬럼바이트에 새로운 원소가 들어 있다고 믿었고, 그 원소를 컬럼븀이라고 명명했다. 하지만 다른 과학자들은 그의 발견을 믿지 않았고, 그 원소가 컬럼븀이 아닌 탄탈럼이라고 제안했다. 하지만 사실 탄탈럼은 그 이듬해에 따로 발견되었다. 1844년, 독일 화학자 하인리히 로제가 컬럼바이트에 탄탈럼과 나이오븀이 들어 있음을 증명했다. 나이오븀은 그리스 신화에 나오는 왕 탄탈로스의 딸 니오베의 이름을 따서 명명되었다. 순수한 나이오븀은 1864년에 드디어 분리되었다.

나이오븀은 강철처럼 회색 금속이며, 강한 산화물 층을 형성하기 때문에 잘 부식되지 않는다. 스테인리스강 등 여러 합금에 들어가 합금의 강도를 높이고 그 합금들은 낮은 온도에서 사용된다. 나이오븀은 로켓과 제트 엔진, 석유 굴착장치와 가스관에도 사용된다.

미국 과학자들은 1950년까지 컬럼븀이라는 이름을 계속 사용했다. 하지만 다른 나라에서는 나이오븀을 사용했기 때문에 논란이 지속되었다. 이 논란은 결국 컬럼븀이 유럽 이름인 나이오븀을, 텅스텐이 유럽의 볼프람이 아닌 미국 이름인 텅스텐을 쓰기로 합의했을 때 종결되었다. 하지만 일부 미국 금속공학자들은 아직도 컬럼븀이라는 이름을 사용할 것을 주장하고 있다.

우리 생활에서 나이오븀이 차지하고 있던 중요한 역할을 현재 텅스텐(197쪽 참조)이 대체하고 있다. 나이오븀은 녹는점이 높아서 원래 백열등의 필라멘트를 만드는 데 사용되었다. 하지만 지금은 녹는점이 더 높은 텅스텐이 바로 그 자리를 대신했다.

⁴² 몰리브데넘 Molybdenum

	○ 화학 계열 **전이 금속**	○ 녹는점 **2,623°C**
42 **Mo** 95.95 Molybdenum	○ 원자 번호 **42**	○ 끓는점 **4,639°C**
	○ 색 **은백색**	○ 발견된 해 **1781년**

몰리브데넘은 대부분의 사람들이 잘 모르는 원소지만 놀랍게도 인간의 생명에 매우 중요하다. 식물과 동물 안에는 매우 다양한 효소가 있다. 그중 하나가 질소고정효소인데, 이는 콩 같은 식물의 뿌리에 사는 박테리아에서 발견된다. 박테리아는 공기에서 질소를 흡수하고 암모니아를 배출한다. 이것이 바로 '질소 고정' 과정의 핵심이다. 이 과정을 통해 질소는 인간과 동물이 소화할 수 있는 형태로 환원된다. 우리 몸은 이 질소를 이용하여 단백질을 합성한다. 그래서 질소고정효소를 구성하는 몰리브데넘이라는 극미량의 원소가 없다면 우리는 생존할 수 없다.

몰리브데넘은 강철 합금 '몰리브데넘강'을 만들 때 반드시 들어간다. 제1차 세계대전에서 서부 전선에 배치된 첫 영국 탱크는 약 8센티미터 두께의 망가니즈강 강판으로 장갑했으나, 직접적인 타격엔 속수무책이었다. 그래서 몰리브데넘강 강판으로 대체되었다. 새로운 강판은 두께가 $\frac{1}{3}$ 밖에 안 되어 더 가벼웠지만 훨씬 강했다. 몰리브데넘강은 초고층 빌딩이나 다리 같은 고난도 건축에도 사용된다.

몰리브데넘이라는 이름은 '납'을 의미하는 그리스어 몰리브도스_{molybdos}에서 따왔다. 몰리브데넘은 자연에서 순수한 형태로 존재하지 않고, 몰리브데넘의 원광석인 몰리브데나이트는 종종 납이나 흑연과 헷갈릴 만큼 비슷하게 생겼다. 1778년에 칼 빌헬름 셸레는 몰리브데나이트가 흑연도 납도 아님을 깨달았다. 피터 야콥 옐름은 1781년에 연금술 마법처럼 보이는 방법을 써서 반짝반짝 빛나는 은빛 금속 원소를 분리했다. 그는 탄소를 몰리브데넘산과 함께 가루로 만든 다음, 아마씨유로 반죽을 만들었다. 그 반죽이 빨갛게 달아오를 때까지 가열하자 그 혼합물에서 몰리브데넘이 드러났다.

오늘날에는 전기 히터 필라멘트, 미사일, 보일러 방호 도장, 석유 정제용 촉매제로 미량의 몰리브데넘이 사용된다. 몰리브데넘 황화물은 WD-40과 같은 석유계 오일보다 높은 온도의 열을 견딜 수 있는 윤활제의 주성분이다.

테크네튬 _{Technetium}

43	○ 화학 계열 **전이 금속**	○ 녹는점 **2,157°C**
Tc	○ 원자 번호 **43**	○ 끓는점 **4,265°C**
98 Technetium	○ 색 **은회색**	○ 발견된 해 **1937년**

테크네튬은 멘델레예프의 주기율표에서 누락된 원소 네 가지 중 마지막으로 발견된 원소다. 스칸듐, 갈륨, 저마 늄이 발견된 후에 멘델레예프가 에카-망가니즈라고 명명 한 43번 원소를 찾고 분리하려는 다양한 시도가 이어졌다. 이 모든 노력이 실패로 돌아갔으나 결국 1937년에 시칠리 아 팔레르모 대학의 과학자 카를로 페리에르와 에밀리오 세그레가 아무도 예상치 못한 방법으로 테크네튬을 발견 했다. 세그레는 입자가속기가 있는 미국 버클리 연구소를 방문하여 어니스트 로렌스를 만났다. 입자가속기를 만든 어니스트 로렌스는 입자가속기 안에서 중양자(양성자 1개와 중성자 1개를 갖고 있는 중수소 세포의 핵)로 포격된 몰리브데넘 시료를 세그레에게 보내 주었다. 세그레와 페리에르는 몰 리브데넘 시료를 분석해 새로운 원소를 발견했다.

페리에르와 세그레는 새로운 원소의 방사성 동위 원소 2개를 분리하는 데 성공하고 그 원소를 테크네튬이라고 명명했다. 하지만 이 발견은 논란을 불러왔다. 이런 식으로 '인공적인' 원소를 만들어내는 것은 당시 부정행위처럼 여겨졌기 때문이다. 그래서 테크네튬은 널리 인정받지 못했다. 현재 우리는 모든 동위 원소들이 방사능 물질임을 알고 있다. 이 말은 동위 원소가 주로 항성 내 핵반응을 통해 만들어진다는 뜻이다. 그리고 테크네튬의 반감기가 짧다는 것은 지구 형성 과정에 존재했던 테크네튬은 오래 전에 붕괴되어 없어졌다는 의미가 된다.

하지만 제2차 세계대전 동안 아원자 물리학이 발전하고 인공적으로 만든 원소 플루토늄이 발견되자 여론이 달라지기 시작했다. F.A. 파네스 교수가 쓴 「누락된 화학 원소 만들기」가 과학계를 설득한 가장 중요한 논문이었다. 그는 논문에서 인공적인 원소와 천연에서 발견된 원소들 사이에서 차별이 있어선 안 되고, 어떤 원소의 동위 원소를 어느 하나라도 처음 발견한 사람에게 그 원소의 이름을 붙일 수 있는 권한을 주어야 한다고 주장했다. 그의 주장에 힘입은 페리에르와 세그레는 자신들의 발견을 멋지게 발표했다. 그들은 '인공적'이라는 뜻의 그리스어에서 이름을 따 새 원소를 테크네튬이라고 명명할 것을 제안했고, 마침내 테크네튬은 진정한 원소로 승인되었다.

얄궂게도 테크네튬의 천연 매장지가 1972년에 발견되었다. 지질학자들은 오래 전 아프리카 가봉의 우라늄 퇴적물 안에서 자발적인 핵반응이 일어났고, 거기에 적은 양의 테크네튬이 남아 있다는 사실을 알아냈다.

오늘날 생산되는 테크네튬은 폐연료봉에서 얻어낸 것이며 주로 테크네튬 - 99m이 핵의학 영상 진단에 사용된다. 테크네튬 - 99m을 체내에 투입하면 테크네튬이 암세포와 결합하기 때문에 암의 위치를 추적하는 데 사용할 수 있다.

루테늄 Ruthenium

44 **Ru** 101.07 Ruthenium	○ 화학 계열 **전이 금속**	○ 녹는점 **2,334°C**	
	○ 원자 번호 **44**	○ 끓는점 **4,150°C**	
	○ 색 **은백색**	○ 발견된 해 **1844년**	

　루테늄은 빛나는 은색 금속이다. 보통 황철니켈석과 휘석암 같은 광물에서 다른 백금족 금속과 함께 발견된다. 백금족 금속 6개는 루테늄, 로듐, 팔라듐, 오스뮴, 이리듐, 백금으로 주기율표에서 직사각형을 이루며 배열되어 있고 성질이 서로 비슷하다. 루테늄은 대부분 니켈이나 백금과 함께 채굴되지만 지구상에서는 희귀한 금속이다. 매년 약 12톤 정도만 추출된다.

　루테늄은 아마도 폴란드 화학자 옌제이 시니아데츠키가 남아메리카의 백금 광물에서 처음으로 발견한 것 같다. 1808년에 그는 새로운 금속의 발견을 주장하며 베스튬이라는 이름을 제안했다. 하지만 다른 과학자들이 그의 연구를 재현했을 때 그 금속이 발견되지 않았기 때문에 그는 자신의 주장을 철회했다.

1825년, 독일 화학자 고트프리드 오산은 우랄 산맥에서 나온 백금 광물에서 새로운 원소 세 개를 발견했다고 주장했다. 그리고 각각 플루라늄, 폴리늄, 루테늄이라고 했다. 플루라늄과 폴리늄은 오산이 잘못 알았던 것이지만, 1840년대에 카잔 대학의 칼 카를로비치 클라우스가 루테늄의 존재를 확인했고, 오산이 붙인 이름을 그대로 불렀다. 이 이름은 현재 러시아에 속해 있는 지역의 옛 이름인 루테니아에서 딴 것이다.

루테늄은 합금에 첨가되어 백금과 팔라듐을 더 강하게 만든다. 보석, 전기 접점, 태양 전지와 칩 저항기 속 여러 금속들은 루테늄 합금이다. 유명한 만년필 파커 51의 금 펜촉은 이리듐이 첨가된 루테늄 96% 합금으로 만들어졌다.

45 로듐 Rhodium

45 **Rh** 102.90550 Rhodium	○ 화학 계열 **전이 금속**	○ 녹는점 **1,964°C**
	○ 원자 번호 **45**	○ 끓는점 **3,695°C**
	○ 색 **은백색**	○ 발견된 해 **1803년**

로듐은 아주 희귀한 비방사성 원소다. 만일 로듐이 없다면 도시의 거리는 건강을 위협하는 위험한 곳이 될 것이다. 차내 촉매 변환기는 산화 및 환원 과정을 통해 유독 가스와 오염 물질을 더 깨끗한 배기가스로 변환한다. 팔라듐과 백금도 이런 목적을 위해 사용하지만 로듐은 80%의 산화질소를 무해한 질소와 산소로 변환하는데 중요한 역할을 한다.

로듐은 1803년, 윌리엄 울러스턴이 발견했다. 그는 백금을 제련해 판매하려고 스미슨 테넌트와 함께 연구하고 있었다. 진한 질산과 진한 염산을 혼합한 왕수aqua regia에 백금을 용해하고 나서, 울러스턴이 백금 용액을 가지고 연구하는 동안 테넌트는 남은 잔여물을 분석했다(202~206쪽 참조). 울러스턴이 침전법으로 백금을 제거하고 다음으로 팔라듐을 차례로 제거했다. 침전시키면 용액에서 고체가 걸러지기 때문이다. 마지막으로 남은 것은 아름다운 장밋빛의 소듐로듐클로라이드였다. 이 화합물의 이름은 '장밋빛'을 의미하는 그리스어rhodon에서 힌트를 얻어 로듐이라고 지었다. 그는 이 화합물에서 로듐만 추출하는 연구를 이어나갔다.

로듐은 백금과 합금되어 광섬유 코팅, 전지 접점 재료와 같이 열전대 용도로 사용된다. 로듐은 주로 촉매 변환기에 쓰이고, 화학 업계에서는 로듐을 여러 방면에서 촉매제로도 이용한다. 예를 들어 박하향을 내는 향료에 로듐을 사용한다. 원래 박하향은 박하 나무에서 추출되었지만, 일본

녹색 화학

노요리 료지의 연구는 '화학자들이 어떻게 하면 세상에 긍정적인 영향을 줄 수 있는가'라는 화두를 던져주었다. 료지는 지속가능한 상품을 개발하고, 유해 물질의 사용을 최소화하는 생산 과정을 설계하는 녹색 화학을 주창한다. 그는 최근 논문에서 '복잡하지 않고 실용적인 화학 합성 기술을 고안하는 능력이 인간의 생존에 필수불가결하다'고 주장했다.

화학자 노요리 료지가 로듐 촉매를 이용한 합성 멘톨 생산 방법을 고안해냈다.

팔라듐 Palladium

○ 화학 계열 **전이 금속**	○ 녹는점 **1,555°C**	
○ 원자 번호 **46**	○ 끓는점 **2,963°C**	
○ 색 **은백색**	○ 발견된 해 **1803년**	

    18세기에 브라질 광부들은 '쓸모없는 금'이라는 뜻의 오루 포드리_{ouro podre} 덩어리를 발견했다. 그것은 자연에서 만들어진 금-팔라듐 합금이었다. 팔라듐은 종종 금속 원소 자체로 발견되는데도 1803년까지 원소로 인정받지 못했다. 윌리엄 울러스턴이 백금 광석을 녹인 용액을 가라앉혀 다량의 팔라듐을 얻어냈다. 하지만 그는 바로 일반적인 방식으로 과학계에 발표하지 않았다.

    오히려 그는 자신의 발견을 칭찬하는 전단지를 만들고 소호 지역의 제라드 거리에 있는 한 가게에 팔라듐을 판매용으로 내놓았다. 그 광고에는 '새로운 은: 팔라듐'이라고 적고, 가격은 '각각 5실링, 0.5파운드, 1파운드'라고 제시했다. 어떤 화학자가 그것은 백금 화합물에 지나지 않는다며 이의를 제기하자 비로소 울러스턴은 자신의 연구 방법을 발표했다.

로듐처럼 팔라듐도 자동차의 촉매 변환기에 이용된다. 팔라듐은 탄화수소가 대기로 방출되기 전에 연소되지 않거나 부분 연소된 탄화수소를 환원시킨다. 팔라듐은 전자 산업에도 널리 사용되는데, 얇은 세라믹과 팔라듐 층으로 만들어진 세라믹 콘덴서의 재료가 된다. 쓸모없는 금으로 취급되었던 팔라듐은 과거보다 오늘날 더욱 가치를 인정받는다. 장신구용으로 인기 있는 '화이트 골드'는 대개 금-팔라듐 합금으로 만들어진다.

팔라듐이 우리의 에너지 문제에 잠재적인 해결책을 제공한다는 주장이 계속 이어졌다. 1989년에 미국 과학자 마틴 플라이쉬만과 스탠리 폰즈는 백금 양극과 팔라듐 음극을 이용하여 중수를 전기 분해해서 핵융합 반응을 통해 에너지를 만들었다고 주장했다. 사실이라면 놀랍고 획기적인 발견이겠지만, 실험 결과가 재현될 수 없어서 환상에 불과한 것으로 드러났다.

또한 팔라듐이 이론적으론 미래의 연료 전지가 될 대규모 수소 저장소 문제를 해결할 수 있다. 팔라듐에는 독특한 특성이 있다. 수소 분자가 팔라듐 구조에 흡수되고, 그곳에서 수소 분자들이 금속 안으로 확산되어 최대 1,000배까지 작게 압축된다. 팔라듐은 현재 너무 비싸서 이 용도로 유용하게 사용할 수 없지만, '수소 저장용 분자 스펀지'처럼 비슷하게 작용하는 합금이나 팔라듐 제품을 저렴하게 만드는 방법이 발견된다면 먼 훗날 널리 사용될지 모른다.

47 은 Silver

47 **Ag** 107.8682 Silver	○ 화학 계열 **전이 금속**	○ 녹는점 **962℃**
	○ 원자 번호 **47**	○ 끓는점 **2,162℃**
	○ 색 **은색**	○ 발견된 때 **선사 시대**

은은 자연에서 순수한 형태로 발견되는 천연광물이다. 그래서 아름답게 빛나는 이 금속은 1만 년 전부터 잘 알려져 있다. 은은 아마도 기원전 3000년경 칼데아 사람들이 '회취법cupellation'을 이용하여 고대 터키와 그리스 지역에 있는 광물에서 처음으로 추출한 것 같다. 회취법이란 납-아연, 구리-니켈 등을 함유한 금속 광석을 용해하여 컵 안에 넣고 공기를 불어 넣어 가열하면, 반응성이 큰 금속들은 산화되고 용해된 은이 분리되는 방식이다.

은은 대략 그 시기부터 사치스러운 가정용품뿐만 아니라 동전을 만드는 데 사용되었다. 은은 구리를 비롯한 다른 금속과 합금하면 단단해지는데 이를 스털링 실버(표준은)라고 한다. 귀금속 사촌 격인 금과 달리 은은 변색되어 점점 거뭇거뭇해지고 반짝거리지 않는다. 황과 반응하여 황화은이 생기기 때문에 정기적으로 윤이 나게 닦아주어야 한다. 그럼에도 불구하고 은은 예나 지금이나 높은 가치를 인정받고 있다.

거울을 자주 보거나 셀프 카메라 사진을 좋아하는 사람에게 은은 더욱 귀중한 존재다. 지금은 거울의 유리 뒷면에 저렴한 알루미늄을 주로 사용하지만 예전에는 반사율이 좋다는 이유로 은을 사용했다. 1727년에 요한 하인리히 슐체는 분필과 질산은 화합물의 현탁액을 만들고 그것이 빛에 의해 검게 변한다는 사실을 발견했다. 그는 스텐실로 이미지를 만들어서 실험을 한 후 사진 과학의 기원을 창조했다. 현탁액의 표면에서 이온들이 분리되느냐 결합하느냐에 따라 더 어둡거나 더 밝은 영역이 만들어지고 있었다. 하지만 슐체는 그 이미지를 고정하진 못했다. 1840년에 윌리엄 폭스 탤벗은 갈산을 이용하여 아이오딘화은으로 코팅된 종이 위에 이미지를 고정하는 방법을 고안해냈고, 이로써 사진술의 기반이 마련되었다. 물론 현대의 셀프 카메라 사진은 화학 공정이 아닌 디지털 방식으로 만들어지지만 당시에는 그 사진술을 마치 마법 같다고 느꼈다.

오늘날 은은 새로운 분야에 응용된다. 이제 거울에 꽁꽁 언 손으로 휴대전화 화면을 터치할 필요가 없다. 손가락 끝에 은실을 꿰멘 장갑을 끼면 된다.

48 카드뮴 Cadmium

48 **Cd** 112.414 Cadmium	○ 화학 계열 **전이 금속**	○ 녹는점 **321°C**
	○ 원자 번호 **48**	○ 끓는점 **767°C**
	○ 색 **청백색**	○ 발견된 해 **1817년**

카드뮴은 독성 물질이라서 선천적 기형이나 암, 일본에서 이타이이타이병(이타이이타이는 '아야아야'라는 뜻이다. 관절 통증이 심하기 때문이다)이라고 불리는 질병을 초래할 수 있다. 1960년대에 진즈강 유역에서 악명 높은 이타이이타이병이 창궐한 이유는 근방 아연 공장에서 방출하는 오염 물질이 그 지역 벼농사에 영향을 주었기 때문이다. 우리 몸은 카드뮴 중독에 대해 자연적인 방어 체계를 어느 정도 갖추고 있지만, 카드뮴 중독이 특정 역치를 초과하면 매우 위험하다. 카드뮴은 보통 아연의 부산물로 생산되고 아연과 매우 비슷하다. 어떤 면에서는 수은과도 유사한데 이 세 원소는 모두 주기율표에서 같은 족에 속한다.

카드뮴은 1817년에 발견되었다. 독일 약제상들은 카드미아라 불리는 천연 탄산아연 광석을 가열하여 산화아연을 만들었는데, 그렇게 만들어진 산화물이 가끔 순백색이 아닌 다른 색으로 변한다는 사실을 알게 되었다. 당시 이 문제를 연구하던 약국의 총감독관 프리드리히 슈트로마이어는 갈색 산화물을 분리한 다음, 그것을 탄소와 함께 가열하여 새로운 금속으로 환원시켰다.

카드뮴은 오랫동안 여러 곳에서 사용되었다. 모네가 좋아하는 카드뮴 옐로 안료를 만들거나 황, 셀레늄 등을 첨가해 갈색, 붉은색, 주황색을 만들기도 했다. 캐서롤 접시에 입혀진 아름다운 주황색도 황화카드뮴으로 만든 것이다.

초기에 만들어진 컬러 텔레비전의 배터리와 음극선관에는 카드뮴이 들어 있었다. 오늘날 카드뮴은 니켈-카드뮴 충전지로 여전히 사용되고 있다. 카드뮴도 중성자를 잘흡수하기 때문에 원자로에 사용된다. 그리고 석유 굴착용 플랫폼과 같은 중장비의 부품들도 카드뮴을 함유하고 있다. 일반적으로 우리는 독성 원소를 덜 사용하고 다른 물질로 대체하려 노력한다. 그렇기 때문에 사람들이 담배를 피우며 담뱃 속 카드뮴을 자발적으로 들이마시고, 니켈-카드뮴 배터리를 함부로 버려 환경을 오염시키는 행동은 자연스럽게 눈살을 찌푸려지게 한다.

⁴⁹ 인듐 Indium

49 **In** 114.818 Indium	○ 화학 계열 **전이 후 금속**	○ 녹는점 **157°C**
	○ 원자 번호 **49**	○ 끓는점 **2,072°C**
	○ 색 **은회색**	○ 발견된 해 **1863년**

인듐 주석 산화물은 매우 유용한 화합물이다. 투명해서 가시광선이 투과되고 전기 전도성이 있으며, 유리에 잘 달라붙는다. 이런 성질 때문에 컴퓨터 등의 LCD 스크린 같은 평면 패널 디스플레이를 만들기에 적합하다. 그래야 각 픽셀이 다른 픽셀에서 나오는 빛의 영향을 받지 않고 신호를 받을 수 있기 때문이다.

이런 쓰임새 때문에 최근 몇 년간 인듐 가격이 급격하게 올랐다. 게다가 인듐은 은만큼이나 희귀한 금속으로 지각에서 천만 분의 일을 차지할 뿐이다. 과거에는 인듐이 별로 쓰이지 않아서 1924년에는 전 세계에서 2그램 정도만 생산했다. 하지만 현재는 매년 1,000톤 이상 사용하고 있고 그중 반은 재활용 자원에서 나온다. 사람들은 앞으로 10년 후면 인듐 매장량이 고갈될 것이라고 한다. 하지만 그건 쓸

데없는 걱정일지도 모른다. 이용할 수 있는 인듐이 여전히 많이 있는데 가격이 오른다는 것은 일반적으로 공급업체가 독창적인 추출 기술을 가지고 있다는 것을 의미한다.

인듐은 약간 독성이 있고 무른 은색 금속으로 여러 첨단 기술에 사용된다. 끈적거리는 성질이 있어 납땜에 사용되며 순수한 형태일 때는 다른 금속에 단단히 붙는다. 인듐 한 조각을 구부리면 주석을 구부릴 때 나는 소음과 비슷한 '금속음'이 날 것이다. 그 높은 파열음은 분자들이 재배열되는 소리다. 인듐은 낮은 온도에서도 가공성이 좋아 절대 영도에 가까운 온도에서 사용하도록 만들어진 극저온 펌프와 설비에 사용된다. 인듐을 합금에 첨가하면 금속의 성질이 상당히 달라진다. 예를 들어 금과 인듐의 합금은 금보다 훨씬 단단하다. 이외에도 인듐 갈륨 비소 화합물과 구리 인듐 갈륨 셀레늄 화합물은 태양 전지에 사용된다.

인듐이라는 이름은 인디고색에서 유래했다. 독일 화학자 페르디난트 라이히가 아연이 풍부하게 들어있는 광물에서 인듐을 발견했을 때, 이것이 새로운 원소라는 증거도 같이 발견했다. 동료 과학자인 히에로니무스 리히터가 분광기에서 인디고블루 스펙트럼 선을 보았던 것이다. 하지만 이 발견 후에 두 사람은 사이가 틀어졌다. 리히터가 인듐을 혼자 발견했다고 주장했기 때문이다.

주석Tin

50 **Sn** 118.710 Tin	○ 화학 계열 **전이 후 금속**	○ 녹는점 **232°C**
	○ 원자 번호 **50**	○ 끓는점 **2,602°C**
	○ 색 **은백색**	○ 발견된 때 **고대 문명**

주석은 아주 오랫동안 중요한 원소로 자리매김했다. 주석은 녹는점이 낮고 무른 금속이며 산화되어 부식되지 않는다. 이미 1만 년 전부터 사용되었지만, 기원전 3500년경 금속 노동자들이 주석과 구리를 합해 청동을 만드는 법을 알아냈을 때부터 비약적인 발전이 이루어졌다. 물론 그 전에도 금속을 녹이고 추출했지만 청동은 최초로 만들어진 중요한 합금이었다. 주석과 구리의 장점을 모두 가지고 있는 청동은 주석보다 단단하지만 구리보다 더 낮은 온도에서 녹아 가공하기 수월했다. 주석을 납, 구리, 안티모니와 합금하면 백랍이 만들어지고, 철기에 '주석 도금'을 하면 녹이 슬지 않는다.

이후 몇천 년 동안 주석은 매우 중요한 경제적 자원이었다. 지중해 인근 여러 지역과 영국 콘월에 매장되어 있었는데, 이 사실은 로마인들이 영국을 침략한 동기 중 하나였을 것이다. 원소 기호 'Sn'은 주석을 뜻하는 라틴어 stannum에서 따온 것이다.

주석은 산화되지 않지만, 순수한 주석에는 서서히 붕괴되어 회색 가루가 되어버리는 '주석 페스트'라는 문제점이 있다. 이는 보통 10°C 이하의 온도에서 일어나기 시작하지만 영하 30°C에서는 훨씬 심각해진다. 이런 성질은 적어도 두 가지 역사적 불행을 가져왔다. 1812년, 나폴레옹이 러시아 원정에 실패했을 때 군복 단추가 추운 겨울 날씨 탓에 가루가 되어 병사들의 저체온증이 더 심각해졌다고 한다. 또 다른 사건은 탐험가 스콧과 그의 동료들이 남극에서 아문젠에게 패배하고 돌아오려 했을 때 발생했다. 식량 저장고에서 주석 통조림에 생긴 작은 구멍으로 파라핀이 약간 새어 나온 것을 발견했고, 얼마 후에 그들은 모두 납 중독으로 목숨을 잃었다.

'양철 캔'과 '은박지'는 사실 알루미늄으로 만들어졌지만 주석이 들어 있는 것도 있다. 갖가지 종과 오르간 파이프는 납과 합금된 주석으로 만든다. 주석은 많은 합금들, 예를 들어 금속 조각들을 접합하는 납땜 합금의 중요한 구성 성분이다. 주석은 유리를 만드는 데도 사용된다. 즉, 주석을 녹인 틀에 용융 유리를 흘리면 그 위에 뜨면서 평평한 유리판이 만들어진다. 한 가지 안타까운 사실은 많은 아이들이 재미있게 갖고 노는 저렴한 장난감에 주석이 들어 있다는 것이다.

⁵¹ 안티모니 _{Antimony}

51 **Sb** 121.760 Antimony	○ 화학 계열 **준금속**	○ 녹는점 **631℃**
	○ 원자 번호 **51**	○ 끓는점 **1,587℃**
	○ 색 **은색**	○ 발견된 때 **기원전 1600년경**

안티모니는 적어도 5000년 동안 다양한 형태로 사용되었다. 고대 수메르 문명의 안티모니 공예품 유물이 지금 이라크에 속한 지역에서 19세기에 발견되었다. 그것이 꽃병 조각이었다고 기술되지만, 이 말이 사실은 아닌 것 같다. 안티모니는 잘 부서져서 꽃병을 만들 수 없기 때문이다. 휘안석(검은색 안티모니황화물 안료)은 기원전 1600년경 이집트인들이 콜이라고 부르는 마스카라로 사용했다. 원소 기호 Sb는 휘안석을 일컫는 라틴어_{stibium}에서 나왔다. 성경에서는 부정한 여자로 악명 높은 이세벨이 마지막 저항의 표시로 '콜을 눈에 바르고 머리를 꾸몄다'고 설명하고 있다. 황색 납 안티모니 안료는 바빌론 사람들이 장식용 벽돌에 윤을 내기 위해 사용했다.

중세 시대에는 안티모니가 약효 때문에 유명해졌다. 약

간 독성이 있긴 하지만 보통 구토제와 설사약으로 사용되었다. 존경받는 물리학자이자 연금술사인 파라셀수스가 안티모니에 대해 열광한 이후로 17세기에 '안티모니 전쟁'이라고 불릴 만한 격렬한 논쟁이 일었다. '바질 발렌타인'이라는 이름의 수도승으로 가장한 독일 작가는 그의 저서 『안티모니의 개선차』에서 안티모니가 다양한 곳에 쓰일 수 있다고 주장했다. 그는 안티모니에 독성이 있음을 인정하며 그 이름이 '안티-몽크anti-monk'에서 나왔다고 했다. 수도승이 안티모니에 중독된 경우가 많았기 때문이다. 하지만 동시에 그는 연금술로 무독성 안티모니를 만들 수 있다고도 했다. 그리고 안티모니로 만든 약 때문에 유명 작곡가 모차르트가 죽었을지도 모른다는 의혹도 제기했다.

안티모니는 오늘날 전자 산업계에 주로 사용된다. 예를 들어 반도체, 다이오드에 사용되고, 안티모니화인듐은 적외선 탐지기에 이용된다. 안티모니가 납 같은 연질금속과 합금되면 그 연질금속들을 더 단단하게 만들어 준다. 안티모니는 땜납에 많이 쓰이는데 구리와 안티모니가 땜납의 주성분인 주석과 납을 강하게 만들어 준다. 납과 안티모니 합금으로 총알이나 구식 인쇄기에서 쓰는 활자를 만들 수도 있다. 안티모니는 페인트나 에나멜과 같은 여러 난연제를 만드는 데에도 사용된다.

52 텔루륨 Tellurium

52 **Te** 127.60 Tellurium	○ 화학 계열 **준금속**	○ 녹는점 **449°C**
	○ 원자 번호 **52**	○ 끓는점 **988°C**
	○ 색 **은백색**	○ 발견된 해 **1783년**

앞으로 텔루륨이 충분히 공급될 수 있을지 모르겠다. 이제까지 텔루륨은 합금으로 사용되었다. 예를 들어 구리, 납, 스테인리스강과 합금이 되면 더 단단해지거나 가공이 쉬워지거나 강도가 세졌다. 텔루륨은 고무를 더 단단하게 만들고 유리에 색을 넣는 데 사용되기도 한다. 하지만 텔루륨은 내용을 썼다 지웠다 할 수 있는 CD와 DVD, 태양 전지 제조 과정에서 가장 많이 사용된다. 텔루륨은 텔루르화카드뮴이라는 화합물의 형태로 에너지를 효과적으로 흡수할 수 있기 때문이다.

문제는 텔루륨이 구리 부산물로 얻어진다는 점이다. 다시 말해서 텔루륨은 전해 제련 과정에서 쌓이는 침전물인 양극전물anode slime에서 재생된다. 최근 구리 생산이 줄어드는 추세에 있고, 기존의 구리와 다른 유형의 구리를 추출하기 때문에 생산 과정에도 변화가 생겼다. 이런 변화들이 텔루륨의 공급에 영향을 미쳐 가격이 치솟았다.

텔루륨은 보통 진회색 분말로 생산되지만 준금속이기 때문에 반짝이는 은색 금속 형태도 있다. 텔루륨은 셀레늄처럼 약간 독성이 있고, 손으로 만지면 입에서 나는 마늘 냄새처럼 고약한 냄새가 날뿐 아니라 피부가 약간 거무스름해진다. 텔루륨은 루마니아 중부에 있는 트란실바니아에서 발견되었다. 오스트리아 광물학자 프란츠 요제프 뮐러 폰 라이헨슈타인이 반짝이는 광물을 발견했는데 그것은 그가 추측했던 대로 안티모니나 비스무트가 아닌 텔루르화금이라는 것이 밝혀졌다. 그는 이 광물에 새로운 원소가 포함되어 있음을 증명했지만, 독일 화학자 마르틴 클라포르트가 시료를 받아 그의 연구 결과에 동의할 때까지 그의 발견은 널리 인정받지 못했다.

고대 사람들은 우주에 있는 천체 7개 각각이 금속과 연결되어 있다고 생각했다. 태양은 금을 연상시키고, 달은 땅에서 은광을 자라나게 하며, 화성은 철과 관련되어 있다는 것이다. 클라프로트는 이 전통 사상에서 힌트를 얻어 '지구'를 뜻하는 고대 그리스어tellus를 천왕성의 이름uranus과 하나로 합쳐 텔루륨이라고 명명했다.

아이오딘 Iodine

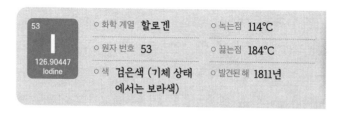

53 **I** 126.90447 Iodine	○ 화학 계열 **할로겐**		○ 녹는점 **114°C**
	○ 원자 번호 **53**		○ 끓는점 **184°C**
	○ 색 **검은색 (기체 상태 에서는 보라색)**		○ 발견된 해 **1811년**

과거에는 특정 지역의 사람들이 목 부위가 크게 부풀어 오르는 갑상선종을 앓곤 했다. 같은 지역에서 학습 장애를 겪는 사람들도 높은 비율로 발생했고 특히, '크레틴병' 환자도 많았다고 한다. 이런 지역들은 바다와 멀리 떨어진 내륙에 위치한 경우가 많았기 때문에, 일찍이 의학자들은 분명 바다와 관련이 있을 것이라고 추측했다.

중세 물리학자 갈렌과 살레르노 의학교의 로저는 갑상선종을 바다 해면과 해초로 치료할 것을 제안했다. 그 시대의 중국 고서에도 비슷한 처방이 소개되어 있다. 파라셀수스는 바닷물 속에 갑상선종을 예방해 주는 미네랄이 있는 것 같다고 추측했다. 그 처방들은 모두 어느 정도 직감에 따른 것이었지만, 확실한 연관관계는 최근에서야 드러났다. 1811년에 프랑스 화학자 베르나드 쿠르투아가 칼륨을 얻기 위해 해초재를 사용하여 초석(질산칼륨)을 만들고 있었다. 그가 황산을 해초재에 첨가하자 놀랍게도 보라색 기체가 피어올랐는데 응결되면서 검은색 결정이 만들어졌다. 그는 새로운 원소 아이오딘을 기체로, 그리고 바로 고체로 눈앞에서 똑똑히 목격했다는 것을 깨달았다. 아이오딘이라는 이름은 '보라색'을 뜻하는 그리스어iodes에서 유래한다. 그런데 한 마디 덧붙이자면, 화학자들까지도 모두 아이오딘은 기체에서 고체로 승화하고, 액체 상태를 갖지 않는다고 알고 있다. 사실 아이오딘은 안정된 액체일 때의 온도 범위가 매우 좁기 때문에 가열되면 고체에서 기체로 빠르게 변화하는 것이다.

아이오딘은 독성이 강하고 폭발성이 있으므로 주의해서 다루어야 하지만 상업적으로도 이용된다. 예를 들어 아이오딘은 다게레오 타입이라는 초창기 사진술, 그리고 최근에는 소독약, 동물 사료, 잉크, 염료 등에 사용된다. 다른 할로겐 원소들처럼 아이오딘화물이라는 안정된 이온을 만들기 때문에 아이오딘화포타슘과 같은 화합물 형태로 바닷속에 널리 퍼져있다. 그리하여 물보라에서 아이오딘을 섭취한 해산물과 해초를 통해 아이오딘이 사람의 먹이사슬 안으로 안전하게 들어온다.

이것으로 아주 오래된 미스터리가 풀렸다. 다소 위험했

던 초기의 아이오딘 실험들을 거쳐 아이오딘화포타슘이 갑상선종 치료에 효과가 있음을 발견했다. 그리고 선진국에서는 안전한 양의 아이오딘을 소금에 첨가하여 판매를 하자 크레틴병이 거의 근절되었다. 아이오딘은 갑상선에 필요하다. 하지만 너무 많이 섭취하거나 너무 적게 섭취하면 아이오딘 결핍증 등의 병이 생길 수 있는데, 이것은 여전히 많은 개발도상국이 안고 있는 문제다.

54 **제논** Xenon

54 **Xe** 131.293 Xenon	○ 화학 계열 **비활성 기체**	○ 녹는점 **−112°C**	
	○ 원자 번호 **54**	○ 끓는점 **−108°C**	
	○ 색 **무색**	○ 발견된 해 **1898년**	

　윌리엄 램지와 그의 동료 모리스 트래버스에게 1898년은 아주 놀라운 해였다. 4년 전 아르곤을 발견한 이후, 공기를 분석하는 연구를 계속하여 크립톤과 네온을 발견했다. 하지만 그들의 연구는 끝날 줄 몰랐다. 두 사람은 공업 화학자 루트비히 몬트로부터 액체공기 제조기를 받아 실험을 이어갔다. 7월 12일, 그들은 진공 용기를 이용해 아르곤과 크립톤의 잔여물 일부를 제거하다가 작은 기체 방울이 남아 있는 것을 발견했다. 그 기체에 수산화포타슘을 처리하여 이산화탄소를 제거하자 진공 튜브 안에 작은 시료가 남았다. 시료를 가열하자 아름다운 파란 불빛을 발산했고, 분광기로 관찰해 보니 크립톤과는 전혀 다른 스펙트럼을 나타냈다. 램지와 트래버스는 새로운 원소를 발견했다는 결론을 내렸다. 이미 '파란색'을 의미하는 단어들이

모두 원소 이름에 쓰였기 때문에 이 새로운 원소에 '낯설다'는 뜻의 그리스어에서 이름을 따 제논이라고 명명했다.

제논은 무거운 기체다. 제논으로 가득 찬 풍선이 얼마나 빨리 바닥에 떨어지는지 본다면 재미있을 것이다. 단, 제논을 만들려면 비용이 많이 들기 때문에 재미삼아 해 볼 수 있는 놀이는 아니다! 오랫동안 제논이 완전히 비활성이라고 믿었지만, 캐나다에서 연구하는 영국 화학자 닐 바틀레트와 그의 연구팀은 제논이 플루오린, 백금과 결합하여 화합물을 형성할 수 있다는 것을 보여 주는 탁월한 실험을 발표했다. 그 후 더 많은 화합물이 발견되었다. 조건만 적절하다면 제논은 금, 수소, 황과 반응할 것이다. 하지만 이 화합물들은 모두 쉽게 산화되기 때문에 불안정하다.

결국 제논은 화합물보다는 주로 순수한 원소 상태로 이용된다. 제논은 바로 불이 켜져야 하는 자동차 전조등, 사진용 고속 플래시 전구, 일부 레이저와 선베드 등에 사용된다. 이론적으로는 웃음 가스 같은 마취약으로도 사용할 수 있지만 그렇게 쓰기엔 제논이 너무 비싸다. 제논 이온 추진 시스템XIPS은 공상과학소설에나 나오는 말처럼 들리지만 이동 위성에 이용되는 실제 과학 기술을 말한다. 이 시스템은 제논 원자를 이온화하고 약 32㎞/s의 속도로 가속한 후 배출하여 인공위성이 나아갈 추진력을 제공한다.

세슘 Caesium

55 **Cs** 132.90545196 Caesium	○ 화학 계열 **알칼리 금속**	○ 녹는점 **28°C**
	○ 원자 번호 **55**	○ 끓는점 **671°C**
	○ 색 **밝은 금색**	○ 발견된 해 **1860년**

　세슘의 반응성이 그렇게 크지 않다면 가지고 놀기 좋은 원소였을 것이다. 세슘은 실온에서도 액체가 되기 때문에 손의 온기에 녹아내릴 수 있다. 금색 금속은 단 세 가지뿐이다. 구리, 금과 더불어 세슘이 그중 하나지만, 100% 순수한 세슘 시료는 산소가 조금만 있어도 금색이 사라진다. 문제는 세슘이 공기 중에서 반응성이 매우 크기 때문에 오일이나 아르곤과 같은 비활성 기체 속에 보관해야 한다는 점이다. 세슘을 물속에 넣으면 리튬, 포타슘, 소듐, 루비듐과 같은 다른 알칼리 금속들보다 훨씬 더 폭발적인 반응을 보인다. 세슘이 더 무거운 알칼리 금속 프랑슘보다 약간 더 반응성이 큰 이유는 229쪽에서 살펴볼 예정이다.

　로베르트 분젠과 구스타프 키르히호프가 1861년에 분광기를 이용해 루비듐을 발견했던 것을 기억하고 있는가?

바로 이때 그들은 세슘을 발견했다. 그들이 광천수 시료를 연구할 때 스펙트럼에 뜻밖의 파란 선이 나타났다. 이는 새로운 원소가 있음을 보여 주는 증거였다. 그들은 '하늘색'을 의미하는 그리스어로 이름을 지었다. 하지만 분젠과 키르히호프는 염화세슘을 만들 수 있을 뿐이었고, 22년이 지나서야 본 대학의 칼 테오도르 세터베르크가 용융 사이안화 세슘에서 세슘 시료를 분리했다.

세슘 화합물은 석유나 천연가스 시추액, 광학 유리 제작에 사용된다. 하지만 세슘은 세슘 원자시계로 유명해졌다. 지금은 루비듐으로 대체되어 루비듐 원자시계가 일반적으로 사용된다. 원자시계의 기본 원리는 핵의 자기장에 의해 만들어진 에너지 준위 변화에 해당하는 복사선의 진동수를 이용하는 것이다. 안정된 동위 원소 세슘-133으로 만든

1초란 무엇인가?

국제적으로 공인된 1초의 정의를 내리라는 질문을 받는다면, 이것만 기억하고 답하면 된다. 1967년 국제도량형국에서는 세슘-133 원자의 바닥상태에 있는 두 초미세 준위 사이의 전이에 대응하는 복사선의 9,192,631,770 주기의 지속 시간이라고 정의했다. 간단하지 않은가!

원자시계가 국제표준시계로 채택되어 있다. 루비듐뿐만 아니라 스트론튬도 원자시계로 사용할 수 있고, 이론적으로는 이터븀도 가능하다.

바륨 Barium

56 **Ba** 137.327 Barium	○ 화학 계열 **알칼리 토금속**	○ 녹는점 **729°C**
	○ 원자 번호 **56**	○ 끓는점 **1,845°C**
	○ 색 **밝은 금색**	○ 발견된 해 **1808년**

안타깝게도 바륨죽(소화관의 X-선 촬영을 할 때 먹는 약물-옮긴이)을 먹거나 관장을 해 본 경험이 있다면, 아마도 좋은 기억으로 남아 있지 않을 것이다. 바륨은 무거운 원소이기 때문에 X-선에 명확하게 나타나 장이나 식도에 영향을 주는 질병을 진단하는 데 쓰인다. 검사 전에 마시는 황산바륨 현탁액을 맛있게 만든다고 딸기 맛이나 민트 맛을 첨가하기는 하지만 맛이 있을 리가 없다. 황산바륨의 이점은 물에 용해되지 않기 때문에 나중에 소화관에서 완전히 배출된다는 것이다. 수용성 바륨염은 독성이 매우 강해서 치명적이다. 탄산바륨은 쥐약의 성분이고, 1993년 텍사스에서 딸이 아버지를 살해한 사건에서는 아세트산바륨이 사용되었다.

황산바륨은 희고 약간 투명하며 상당히 무거운 광물로 천연으로 존재한다. 17세기에 빈센초 카샤롤로라는 볼로

냐의 제화공이 낮에 충분히 열을 받으면 어둠 속에서 빛을 발하는 바위를 발견했다. 그는 볼로냐 돌이라 불리는 이 돌로 잘하면 금을 만들 수도 있겠다는 생각에 들떴지만, 후에 이 돌은 중정석에 불과하다는 것이 밝혀졌다.

바륨은 공기 중에서 반응성이 매우 크기 때문에 화합물로만 존재하는데, 예를 들어 위더라이트라는 광석 속에 있다. 위더라이트를 탄소로 녹여 바륨을 추출하려는 시도는 실패했지만, 1808년 험프리 데이비가 수산화바륨을 전기분해하여 연한 회색 금속을 분리하는 데 성공했다. 바륨은 '무거운'이라는 의미를 가지는 그리스어barys에서 이름을 땄다. 중정석이라고도 알려진 황산바륨은 유정 건설시 들어가는 시추 이수(시추 작업 중 주입되는 물 및 진흙, 특수 화합물 등-옮긴이) 내 안정제로서 석유 산업에 이용된다.

바륨은 많이 쓰이지 않는다. 페인트나 유리를 만들 때 쓰이고, 질산바륨은 불꽃놀이용 녹색 화약을 만드는 데 사용된다. 이트륨바륨구리산화물YBCO은 고온에서 초전도체 역할을 해서 과학자들의 관심을 모으고 있다. 그리고 중정석은 해양학자들에게 흥미로운 광물이다. 수백만 년 동안 녹지 않고 안정적인 상태로 있기 때문에 바다 침전물 속에 쌓인 중정석을 분석하면 과거 특정 시기에 해양 플랑크톤이 얼마나 번식했는지에 대한 정보를 얻을 수 있다.

란 타 넘 족 원 소

57~71

PERIODIC TABLE OF THE ELEMENTS

란타넘족 원소

Lanthanide Series

란타넘족은 원자 번호 57번부터 71번까지 주기율표 아래에서 한 줄로 나란히 배열된 원소들이다. 이 원소들은 스칸듐과 이트륨을 더하여 '희토류 원소rare earths'라고도 한다. 이 원소들이 모두 과거에 토류라고 불렸던 산화물로 분류되었다. 원소 자체는 희귀하지 않아도 희귀한 광물에서 추출되기 때문이다.

이들은 서로 비슷하고 전자들이 배치한 방식이 특이하기 때문에 주기율표의 한 지점에서 함께 집단을 이루고 있다. 원소의 최외각 궤도에 있는 전자가 다른 원자들과 반응하므로 원소의 화학적 성질을 결정하는데, 란타넘족 원소는 모두 최외각 궤도에 같은 수의 전자를 가지고 있다. 란타넘족 원소들은 서로 다른 수의 전자를 갖고 있지만, 원자 번호가 커짐에 따라 추가적인 전자가 내부 궤도에

란타넘족 원소의 일반적인 성질

란타넘족은 대부분 은색 금속이며, 칼로 자를 수 있을 만큼 무르다. 란타넘, 세륨, 프라세오디뮴, 네오디뮴, 유로퓸은 모두 상당히 반응성이 커서 빠르게 산화물로 금속 표면을 덮어 산화 피막을 형성한다. 나머지 란타넘족 원소는 다른 금속과 섞이면 쉽게 부식되고, 질소나 산소로 오염되면 잘 부서진다. 이 원소들은 차가운 물보다 뜨거운 물에 더 빠르게 반응하고, 반응할 때 수소를 생성한다. 공기 중에서 쉽게 불에 탄다. 보통 이 원소들은 모나자이트나 배스트내스석이라는 광물에서 발견된다. 란타넘족 원소들은 이 광물들 속에 거의 일정한 비율(란타넘은 대략 25-38%)로 함께 섞여 있으며 원자 번호가 높은 란타넘족 원소일수록 양이 적다. 더 무거워서 지구가 불안정했던 과거에 맨틀 속으로 깊이 가라앉았기 때문이다.

더해지고 최외각 궤도에는 모두 동일하게 전자 3개가 남는다. 그래서 란타넘족 원소들은 모두 비슷한 성질을 갖는다.

특정 원소에 대하여 '지루하다'고 말한다면 어떤 화학자는 상처를 받을지도 모른다. 화학자들 중에는 바로 그 원소의 사소한 성질 몇 가지를 수년간 연구해서 박사 논문을 쓴 사람도 있을 것이다. 하지만 모든 란타넘족 원소들을 하나씩 설명한다면 다소 비슷한 설명이 반복될 것이다. 그래서 이번 장에서는 란타넘족 원소의 주요 정보를 표로 소개한 다음, 각 원소에 대한 주요 내용을 간단히 살펴볼 것이다.

원소명	원자 번호	색	녹는점	끓는점	발견한 해
란타넘 (La)	57	은백색	920℃	3,464℃	1839년
세륨 (Ce)	58	은회색	795℃	3,443℃	1803년
프라세오디뮴 (Pr)	59	은백색	935℃	3,529℃	1885년
네오디뮴 (Nd)	60	은백색	1,024℃	3,074℃	1885년
프로메튬 (Pm)	61	은색	1,042℃	3,000℃	1945년
사마륨 (Sm)	62	은백색	1,072℃	1,794℃	1879년
유로퓸 (Eu)	63	은백색	826℃	1,529℃	1901년
가돌리늄 (Gd)	64	은색	1,312℃	3,273℃	1880년
터븀 (Tb)	65	은백색	1,356℃	3,230℃	1843년
디스프로슘 (Dy)	66	은백색	1,407℃	2,562℃	1886년
홀뮴 (Ho)	67	은백색	1,461℃	2,720℃	1878년
어븀 (Er)	68	은색	1,529℃	2,868℃	1842년
툴륨 (Tm)	69	은회색	1,545℃	1,950℃	1879년
이터븀 (Yb)	70	은색	824℃	1,196℃	1878년
루테튬 (Lu)	71	은색	1,652℃	3,402℃	1907년

란타넘

란타넘(La57)은 1839년에 스웨덴 화학자 칼 구스타프 모산데르가 발견했고, 1923년에 분리했다. 합금이 되면 '수소 스펀지'처럼 수소를 고밀도로 끌어들이는 팔라듐과 비슷해진다. 하지만 란타넘은 너무 무거워서 상업적으로 이용할 수 없다. 란타넘이 25% 함유된 희토류 원소의 합금 '미시메탈(세륨 50%, 네오디뮴 18% 등 여러 란타넘족 원소들로 구성)'은 라이터의 부싯돌로 사용된다. 란타넘은 인을 중성화할 수 있으므로 원하지 않는 조류의 성장을 억제하는 데 사용되기도 한다.

세륨

세륨(Ce58)은 1803년에 옌스 야콥 베르셀리우스와 그의 동료인 빌헬름 히싱어가 발견했다. 란타넘족 원소들 대부분이 모나자이트나 배스트내스석에서 함께 발견되는 반면, 세륨은 세륨실리케이트라는 세륨염에서 따로 발견되었다. 지각에서 가장 흔한 란타넘족 원소이며 환경친화적인 분야에 사용된다. 예를 들어 세륨으로 만든 적색 안료는 카드뮴, 수은, 납으로 만든 안료보다 훨씬 안전하다. 또한 세륨이 연료에 약간 첨가되면 배기가스에서 나오는 유해 미립자를 상당수 감소시킬 수 있다. 자동 세척 기능이 있는 오븐의 내벽을 세륨 코팅하면 음식 찌꺼기가 재 같은 물질로 변해 비교적 세척이 수월해진다. 세륨 덩어리를 다듬거나 긁으면 떨어지는 가루가 즉각적으로 연소하기 시작하는데, 이런 성질을 '발화성pyrophorism'이라고 한다.

프라세오디뮴

칼 구스타프 모산데르는 란타넘을 발견했을 때, 남아 있던 잔여물이 또 다른 원소일 것이라 생각하고 그것을 디디뮴이라고 명명했다. 1885년에 오스트리아 화학자 칼 아우어 폰 벨스바흐가 그 잔여물이 프라세오디뮴과 네오디뮴이 주성분인 혼합물임을 밝혀냈다. 프라세오디뮴과 마그네슘이 함유된 고강도 합금은 항공기 엔진 부품으로 사용된다. 프라세오디뮴(Pr59)은 다른 란타넘족 원소들처럼 스튜디오 조명용 탄소 아크 전극에 사용된다. 유리와 에나멜에 진한 노란색을 입혀 노란빛과 적외선을 걸러내는 용접공의 보안경 유리를 만들기도 한다.

네오디뮴

네오디뮴(Nd60)은 모산데르의 디디뮴을 구성하는 나머지 한 원소로 1925년에 분리되었다. 네오디뮴은 철, 붕소와 합금되어 매우 강한 NIB(NIB는 네오디뮴, 철, 붕소의 머리글자다) 자석을 만든다. 이 자석은 전기 자동차의 모터에 전력을 공급하는 자석 안에 들어간다. 네오디뮴은 용접용 보안경의 유리와 자외선은 통과시키고 적외선은 통과시키지 않는 선베드용 유리 제작에도 쓰인다.

프로메튬

비스무트(원자 번호 83번, 부서지기 쉽고 분홍빛이 도는 은색 금속)보다 원자 번호가 낮은 원소들은 대부분 안정적이다. 두 가지 예외가 있는데 바로 테크네튬(141쪽 참조)과 프로메튬(Pm61)이다. 이들 동위 원소의 반감기는 최대 18년이다. 프로메튬은 안드로메다은하의 어느 별에서 엄청난 양이 만들어지고 있다 할지라도 지구상에는 천연으로 존재하지 않는다. 프로메튬은 1945년, 원자로에서 나온 우라늄 연료의 핵분열 생성물에서 처음으로 발견되었다. 프로메튬은 입자가속기 안에서 네오디뮴과 프라세오디뮴을 충돌시켜 만들 수도 있다. 한동안 시계의 야광 눈금판에 라듐 대신 사용되었고, 오늘날에는 연구 목적으로만 활용된다. 하지만 프로메튬도 주기율표를 이용해 찾아낸 '누락된 원소' 중 하나로서 의미를 갖는다. 1902년에 체코 화학자 존 보후슬라프 브랜너가, 1913년에 헨리 모즐리(7쪽 참조)가 주기율표를 재배열한 후 예측했던 원소다. 마침내 네오디뮴과 사마륨 사이의 빈칸에 프로메튬이 채워졌다.

사마륨

사마륨(Sm62)은 사람 이름을 따서 명명된 첫 번째 원소다. 러시아의 광산 관리인 사마르스키 대령이 광물학자 구스타프 로즈에게 일부 광물 표본에 대한 접근 권한을 승인한 덕에 그는 새로운 광물 하나를 밝혀냈다. 로즈는 대령에 대한 감사의 표시로 새 광물에 사마르카이트라는 이름을 붙였다. 1879년에 폴 에밀 르코크 드 부아보드랑(갈륨의 발견자)이 이 광물에서 디디뮴을 추출하고 나서, 새로운 원소도 추출하여 사마륨이라고 명명했다. 사마륨은 레이저, 유리 제작, 스튜디오 조명에 사용된다. 코발트와 합금되면 강한 자석이 만들어지지만, 이 자석들은 NIB 자석으로 대체되었다.

유로퓸

유로퓸(Eu63)은 1901년에 프랑스 화학자 위젠아나톨 드마르세이가 분리하고 이름을 붙였다. 이후 몇몇 다른 과학자들도 각각 유로퓸의 존재를 확인했다. 유로퓸의 가장 유용한 특성은 형광체와 관련이 있다. 형광체란 텔레비전 안에서처럼 전자에 의해 자극을 받으면 빛을 방출하는 물질을 말한다. 적색 형광체가 가장 약한 빛을 내지만, 유로퓸이 약간 섞이면 출력광이 훨씬 강해진다. 유로퓸은 백색 형광등 속 가스 혼합물에도 사용되고 유로화 지폐의 반짝이는 위조 방지 표시의 주요 성분이다.

가돌리늄

사마륨과 마찬가지로 가돌리늄(Gd64)도 폴 에밀 르코크드 부아보드랑이 디디뮴에서 추출했다. 스위스 화학자 장찰스 갈리사르 드 마리냐크가 산소를 발견하고 6년 후인 1886년의 일이었다. 가돌리늄은 합금에 주로 사용되는데, 예를 들어 철과 크로뮴을 가공하기 쉽게 만들어준다. 중성자를 잘 흡수하기 때문에 원자로에도 사용된다. MRI 촬영을 할 때 가돌리늄 화합물을 환자에게 주사하면 선명한 영상을 얻을 수 있다.

터븀

우리는 앞에서 이트륨이 스웨덴의 이테르비 광산에서 어떻게 발견되었는지 살펴보았다. 이트륨 외에도 원소 세 가지가 더 발견되었고 그 원소들은 마을의 이름을 따라 명명되었다. 바로 어븀(1842), 터븀(1842), 이터븀(1878)이다. 주기율표의 역사에서 가장 헷갈리고 재미없게 지어진 이름들이다.

이보다 더 나쁜 건 그 외에 발견된 또 다른 세 원소의 이름은 직접적인 관련도 없는 마을에서 따왔다는 사실이다. 홀뮴은 스웨덴의 수도 스톡홀름에서, 툴륨은 스칸디나비아의 옛 이름 툴레에서 유래한다. 가돌리늄은 약간 변화를 주어 이테르비에서 이트륨을 함유한 광물을 처음으로 발견한 요한 가돌린의 이름에서 따왔다. 이름이 조금 헷갈릴지도 모르겠다.

터븀(Tb65)은 반도체 저장 장치(SSD), 저전력 전구, X-선 장비 및 레이저에 주로 사용된다. 터븀, 철, 디스프로슘의 합금은 자기장 내에서 차츰 평평해지는 성질이 있는데, 이런 성질은 창유리 같은 평평한 면에 붙이는 확성기를 만드는 데 이용된다. 그러면 평평한 면이 소리 증폭기가 된다.

디스프로슘

디스프로슘(Dy66)은 어븀처럼 다른 란타넘족 원소 안에 있는 불순물처럼 보였다. 수년이 지난 후에 그 불순물에 디스프로슘뿐 아니라 적어도 두 가지 원소, 홀뮴과 툴륨이 더 포함되어 있음이 밝혀졌다. 폴 에밀 르코크 드 부아보드랑은 디스프로슘을 분리하기까지 실험을 수없이 반복해야 했고, 아주 강한 인내심이 필요했다. 그래서 그는 그 원소를 '얻기 힘들다'는 뜻의 그리스어dysprositos에서 이름을 따 명명했다.

디스프로슘은 중성자를 잘 흡수하기 때문에 원자로 제어봉에 사용된다. 디스프로슘의 더 중요한 용도는 네오디뮴기반 자석을 만드는 합금에 첨가되는 것이다. 디스프로슘은 고온에서도 자성을 잘 유지하기 때문에, 네오디뮴기반 자석은 고온에서 사용할 수 있다. 이런 자석들은 현재 점점 시장이 커지고 있는 전기 자동차와 풍력발전용 터빈에 사용된다. 하지만 디스프로슘은 앞으로 몇 년간 공급 문제에 부딪힐지 모른다. 디스프로슘은 가장 비싼 란타넘족 원소이고, 부아보드랑이 처음 이름을 붙였을 때처럼 오늘날에도 여전히 추출하기 어려운 원소이기 때문이다.

홀뮴

홀뮴(Ho67)은 주변 조직의 손상을 최소화하면서 특정 유형의 종양을 기화해 제거하는 고성능 레이저에 주로 사용된다. 이를 위해 미량의 홀뮴이 첨가된 이트륨 알루미늄 결정이 필요하다. 홀뮴은 초강력 자석에도 쓰인다. 2009년, 프랑스 과학자들이 단자극처럼 움직이는 티탄산 홀뮴 결정을 발견했다고 주장했다. 단자극이란 하나의 자기극을 가지는 가설상의 입자를 말한다. 노벨상 수상자인 물리학자 폴 디락이 물리학의 대통일이론을 유지하기 위해서 단자극이 존재해야 한다고 주장했기 때문에 단자극은 과학 밖에 모르는 공부벌레들의 관심 분야가 되었다. 하지만 프랑스 과학자들의 주장은 신랄하게 논박되었다. 티탄산 홀뮴 결정의 두극이 아주 가까이 붙어 있을 뿐 서로 같은 것이 아니라는 비판이었다. 2017년에 IBM에서는 홀뮴 원자 하나에 데이터를 저장하는 기술을 개발했다고 주장했는데, 단자극의 발견보다는 더 믿을 만하지만 역시나 매우 놀라운 이야기이다.

어븀

어븀(Er68)은 특정 형태에서 매우 특별한 형광 속성을 갖고 있어서 레이저에 사용된다. 어븀을 광섬유 케이블 속

유리에 첨가하면 전송되는 광대역 신호가 증폭된다. 어븀은 바나듐 같은 금속과 합금을 만들고, 다른 몇몇 란타넘족 원소들처럼 적외선 흡수 유리에 사용되기도 한다.

툴륨

툴륨(Tm69)과 홀뮴 모두 스웨덴 과학자 페르 테오도르 클레베가 발견했다고 알려져 있지만 1878년~1879년에 몇몇 나라에서도 비슷한 연구가 진행 중이었다. 툴륨은 란타넘족 중에서 스스로 붕괴하고 원자로에서만 생산되는 프로메튬 다음으로 두 번째로 희귀한 원소이다. 이는 일부 다른 원소만큼 희귀하지는 않지만, 생산하려면 비용이 많이 든다는 의미이다. 툴륨의 속성은 대부분 더 저렴한 란타넘족 원소들에서도 잘 나타나기 때문에 비싼 툴륨은 잘 사용하지 않는다. 하지만 툴륨의 동위 원소 중 하나는 휴대용 X-선 장비와 수술용 레이저에 사용된다.

이터븀

란타넘족의 마지막 원소로 소개되곤 하는 이터븀(Yb70)은 1878년에 장 샤를 갈리사르 드 마리냐크가 발견했다.

그가 이터븀을 얻기 위해 질산어븀을 가열했더니 두 개의 산화물로 분해되었다. 산화어븀과 백색 물질이었다. 백색 물질 대부분은 그가 이터븀이라고 명명한 새로운 원소로 구성되어 있었다. 그러나 순수한 이터븀 시료는 1953년이 되어서야 만들어졌다. 이터븀은 성질이 비슷한 다른 란타넘족 원소들을 대체하여 쓰일 수 있는 물질로 연구되고 있다. 미래에는 이미 존재하는 원자시계보다 더 정확한 원자시계를 만드는 데 쓰일지 모른다. 이론적으로는 동위 원소 이터븀-174를 이용한 원자시계가 세슘 원자시계보다 더 좋은 성능을 발휘할 수 있다. 세슘 원자시계가 1억 년마다 겨우 1초 정도의 오차를 갖는 정확한 시계인데!

루테튬

결국 마리냐크가 만든 이터븀 시료는 아직 완전히 순수하지 않았던 것으로 밝혀졌다. 란타넘족 원소들의 문제는 서로 너무 비슷하기 때문에 원소 하나를 분리하더라도 순수한 것인지 확신하기 어렵다는 것이다. 예를 들어 1911년에 미국 화학자 테오도르 윌리엄 리차드는 순수한 툴륨을 확실하게 분리하기 위해 브로민산툴륨 시료를 15,000번이나 계속해서 재결정화해야 했다. 1907년에 프랑스 화학자 조르주 위르뱅이 마리냐크가 수행한 매우 복잡한 추출 과정을 똑같이 따라한 다음, 잔여물로 남은 이터븀 시료에서 새로운 원소를 추출할 수 있음을 보여 주었다. 그 원소가 바로 루테튬(Lu71)이었다. 일부 화학자들은 루테튬을 전이 금속으로 분류해야 하고 란타넘족이 아닌 주기율표 본체에 포함시켜야 한다고 주장한다. 루테튬을 추출하기 어렵다는 것은 단독으로는 거의 사용되지 않는다는 뜻이지만 몇몇 분야에는 사용되고 있다. 예를 들어 정유 공장에서는 루테튬을 탄화수소 분해 촉매제로 사용한다.

란타넘족 암기 방법

란타넘족의 원소 기호는 La, Ce, Pr, Nd, Pm, Sm, Eu, Gd, Tb, Dy, Ho, Er, Tm, Yb, Lu이다. 화학 시험을 앞둔 학생들은 이 기호를 기를 쓰고 외워야 하기 때문에 다음과 같은 기억법을 배운다. Languid Centaurs Praise Ned's Promise of Small European Garden Tubs; Dinosaurs Hobble Erratically Thrumming Yellow Lutes. 무기력한 켄타우로스(상반신은 인간이고 하반신은 말인 그리스 신화 속 괴물-옮긴이)가 작은 유럽식 정원 화분을 약속한 네드를 칭찬한다. 공룡들은 노란색 기타를 치며 이상하게 뒤뚱거린다.

72~94

PERIODIC TABLE OF THE ELEMENTS

하프늄 Hafnium

	○ 화학 계열 **전이 금속**	○ 녹는점 **2,233°C**
72 **Hf** 178.49 Hafnium	○ 원자 번호 **72**	○ 끓는점 **4,603°C**
	○ 색 **은회색**	○ 발견된 해 **1923년**

하프늄이 어떻게 발견되었는지 설명하려면 우선 주기율표 역사에 있었던 획기적인 사건을 언급할 필요가 있다. 1911년, 네덜란드 아마추어 물리학자 안토니우스 반 덴 브룩은 아무 근거도 없이 주기율표에서 원소의 자리는 원자핵의 전하량에 따라 정해질 수 있다고 제안했다. 그 즈음에 젊은 영국 물리학자 헨리 모즐리는 맨체스터 대학의 어니스트 러더퍼드 연구팀에 속하여 그곳에서 세계 최초 원자 배터리의 원형을 개발했다. 그는 반 덴 브룩의 주장에 매료되어 배터리 연구에 착수했던 것이다. 그는 고에너지 전자가 고체와 충돌할 때 X-선을 방출한다는 것을 알고 있었다. 그는 옥스퍼드로 돌아와 자신의 연구를 위한 기금을 마련하여 실험 기구를 만들고, 다양한 원소에 전자를 충돌시킬 때 각 원소가 방출하는 파장과 진동수를 측정했다.

이 연구로 각 원소가 고유한 X-선을 방출하고, 특정 X-선의 진동수가 원소의 원자 번호(원자가 갖고 있는 양성자 수)의 제곱에 비례한다는 매우 중요한 발견이 이루어졌다. 이는 반 덴 브룩의 가설을 뒷받침해 주었으며 양성자 수가 원소의 정체성을 결정한다는 것을 보여 주었다. 화학자들은 이 연구의 중요성을 바로 깨달았다. 주기율표의 예외적인 부분과 결함에 대한 오랜 의문을 해결하면서 주기율표를 재배열할 수 있게 되었다. X-선으로 전보다 빠르게 원

값진 생명, 무가치한 전쟁

제2차 세계대전이 발발하자 헨리 모즐리의 선배들은 그에게 과학 연구에 매진할 것을 강력하게 권고했지만, 그는 군대에 지원할 것을 고집했다. 1915년에 모즐리는 갈리폴리 전투에서 사망했고 훗날 물리학자 로버트 밀리컨은 그에 대해 이렇게 적었다. '26살 밖에 되지 않은 젊은 청년이 우리가 이전에는 꿈도 꾸지 못했던 아원자 세계를 명확하고 확실하게 들여다 볼 수 있는 창문을 활짝 열어 주었다. 유럽의 전쟁이 이 젊은 이의 생명을 앗아가는 것 외에 아무것도 한 게 없다면, 그 사실만으로도 전쟁은 역사상 가장 심각한 범죄에 지나지 않는다.'

소를 식별할 수 있게 되었기 때문이다.

이것은 또한 주기율표에 새로운 빈칸이 생겼다는 것을 의미했다. 61개, 72개, 75개의 양성자를 갖는 각 원소를 찾아야 했다. 그리고 멘델레예프가 비워 놓은 자리 중 마지막으로 들어갈 43번 원소를 찾아야 한다는 것을 다시금 확인시켜 주었다. 몇 년에 걸쳐 43번, 61번, 75번 원소가 각각 테크네튬, 프로메튬, 레늄으로 밝혀졌다.

72번 원소는 1923년, 덴마크에 있는 닐스 보어의 연구소에서 연구하던 두 젊은 과학자 디르크 코스터와 조르주 드 헤베시가 발견했다. 이 원소가 란타넘족인지, 전이 금속인지에 대한 논쟁은 계속되었지만, 보어는 틀림없이 금속일 것이라고 주장했다. 이를 바탕으로 코스터와 헤베시는 개정된 주기율표에서 72번 원소 바로 위에 있는 전이 금속 지르코늄이 들어 있는 광물을 분석했다. 몇 주 후 그들은 X-선을 이용하여 그 광물에서 극미량의 하프늄을 발견했다. 하프늄은 지르코늄과 속성도 비슷하고 용도도 비슷하다. 하프늄과 지르코늄은 중성자를 잘 흡수하기 때문에 원자로에서 사용된다. 하프늄은 강도가 세고 녹는점이 높아야 하는 합금을 만들 때나, 플라즈마 용접 토치에 쓰인다.

탄탈럼Tantalum

73 **Ta** 180.94788 Tantalum	○ 화학 계열 **전이 금속**	○ 녹는점 **3,017°C**
	○ 원자 번호 **73**	○ 끓는점 **5,458°C**
	○ 색 **청회색**	○ 발견된 해 **1802년**

1801년에 스웨덴 화학자 안데르스 구스타프 에케베르크가 탄탈럼을 발견했다. 하지만 탄탈럼과 탄탈럼 바로 위에 있는 나이오븀이 서로 비슷해서 몇 년 동안 잘 구분되지 않다가 각각 별개의 원소로 인정받기에 이르렀다. 탄탈럼과 나이오븀은 거의 언제나 콜탄 속에서 함께 발견된다. 콜탄이라는 이름은 나이오븀이 풍부한 컬럼바이트와 탄탈럼이 풍부한 탄탈라이트의 이름을 합친 것이다. 탄탈럼은 산과 반응하지 않기 때문에 탄탈루스의 이름을 따서 명명되었다. 탄탈루스는 비밀을 누설한 죄로 물을 마시려 하면 계속 수위가 내려가 영원히 물을 마시지 못하는 웅덩이 속에 서서 벌을 받는 그리스 신화 속 왕이다.

탄탈럼은 휴대전화뿐 아니라 게임기와 디지털 카메라와 같은 휴대용 전자 기기에 널리 사용된다. 탄탈럼과 탄탈럼 산화물로 만들어진 콘덴서는 전하와 전기를 저장한다. 탄탈럼은 열과 전기가 매우 잘 통하기 때문에 아주 작은 크기로도 큰 정전 용량을 제공하는 부품을 만드는 데 사용된다. 만약 탄탈럼이 없다면 우리가 사용하는 전자 기기들은 지금처럼 작게 만들어지지 못할 것이다.

금속들 중에 텅스텐과 레늄만이 탄탈럼보다 녹는점이 더 높기 때문에 탄탈럼과 합금하여 비행기 엔진, 원자로와 같이 온도가 높은 곳에 사용된다. 또한 탄탈럼은 화학적으로 비활성이기 때문에 의료기, 심박 조율기, 임플란트, 신경과 근육 치료에 쓰이는 포일, 거즈, 와이어 등 의료용품을 만든다.

최근 몇 년간 탄탈럼에 대한 수요가 높아지면서 정치적 논쟁이 일었다. 경기 침체기 동안 오스트레일리아의 주요 광산이 폐쇄된 이후, 현재 탄탈럼의 주산지는 콩고민주공화국이 되었다. 그곳에서 탄탈럼으로 얻는 수익은 끔찍한 내전을 지원하는 자금으로 흘러들어가 부패와 정치적 분쟁을 계속 부추기고 있다. 그래서 어떤 사람들은 탄탈럼을 '블러드 탄탈럼'이라며 비판한다.

17세기에 중국 도자기 장인이 텅스텐 안료를 사용하여 예쁜 복숭아 색을 만들었다. 비슷한 시기에 유럽에서는 주석 제련공이 광석 하나에서 주석이 너무 조금 추출된다고 불평했다. 그래서 그들은 그 광석을 '탐욕스러운 늑대'라고 불렀다. 배고픈 늑대가 양을 잡아먹듯이 텅스텐이 주석을 파괴해서 잘 추출되지 않는다는 뜻이었다. 텅스텐의 다른 이름 볼프람wolfram은 아마도 여기에서 유래했을 것이다.

두어 명의 과학자들이 텅스텐 발견에 아쉽게 실패한 후, 스페인 화학자 후안 엘야아르와 파우스토 엘야아르에게 텅스텐 발견자라는 영예가 돌아갔다. 1783년에 그들은 텅스텐산을 만들어 탄소와 함께 가열한 후 환원시키는 방법을 이용해 가까스로 텅스텐을 얻었다. 그들은 텅스텐을 '볼프람'이라고 명명했다.

텅스텐은 모든 금속 중 녹는점이 가장 높기 때문에 백열 전구의 필라멘트에 쓰인다. 텅스텐은 석영 유리로 만든 할로겐램프에도 쓰이는데 여기에 아이오딘을 첨가하면 온도가 더 높아지며 더 밝은 빛을 낸다. 탄화텅스텐은 상당히 단단한 화합물로 석유 시추용 드릴 비트와 칼날에 사용된다. 고성능 치과용 드릴 뿐만 아니라 광물과 금속 가공에도 사용된다. 우리 주변에서 쉽게 볼 수 있는 것으로는 볼펜 끝에 달린 탄화텅스텐 '볼'이 있다.

텅스텐의 별명 볼프람

74번 금속을 텅스텐(스웨덴 화학자 칼 빌헬름 셸레가 '무거운 돌'이라는 뜻의 스웨덴어에서 따서 붙인 명칭)으로 불러야 하느냐, 볼프람으로 불러야 하느냐에 대한 끊임없는 논쟁이 1950년 대 초에 이론적으로 정리되었다. 국제순수·응용화학연합에서는 '컬럼븀'은 나이오븀으로, '볼프람'은 텅스텐으로 불러야 한다고 결정했다. 하지만 볼프람이라는 이름은 여전히 원소 기호에 들어 있다. 그 이름이 가끔 쓰이기도 하는데, 특히 스페인에서는 엘야아르 형제가 고안한 낭만적인 이름이 무효화된 것에 대한 불만이 남아 있다.

레늄 Rhenium

75 **Re** 186.207 Rhenium	○ 화학 계열 **전이 금속**	○ 녹는점 **3,186°C**
	○ 원자 번호 **75**	○ 끓는점 **5,596°C**
	○ 색 **은색**	○ 발견된 해 **1925년**

    레늄의 발견은 두 번이나 잘못되었다. 1908년에 일본 화학자 마사타가 오가와는 75번 원소를 분리하고 니포늄 이라고 불렀다. 하지만 그가 43번 원소를 발견했다고 잘 못 발표했기 때문에 그의 발견은 믿을만하지 못하다는 평을 들었다. 레늄은 다시 1925년 독일에서 발터 노다 크, 이다 타케(나중에 노다크와 결혼했다), 오토 베르크가 분 리했다. 1그램의 레늄을 얻으려면 몰리브덴광 660킬로 그램이 필요했다. 레늄은 구리와 몰리브데넘의 정제 과 정에서 부산물로 생성되기 때문이다. 그들은 43번 원소 와 75번 원소를 모두 발견했다고 잘못 발표했고, 그것은 그들의 명예에 먹칠을 했다. 하지만 마침내 75번 원소라 고 인정되었고, 독일 라인강의 이름을 따 레늄이라고 명 명했다. 레늄은 주기율표 중 가장 마지막으로 발견된 천

연 금속이다(이후 발견된 원소들은 인공적으로 만들어낸 원소다 - 옮긴이).

레늄은 흔하지 않으며 주로 다른 금속과 함께 자연에서 발견되지만 일부 이황화레늄은 러시아 동부의 화산 입구에서 발견되었다. 이브로민화레늄은 다이아몬드와 달리 극도의 고압 환경만 아니면 생산될 수 있는 매우 단단한 금속이다.

레늄은 대개 니켈 및 철과 합금되어 전투기 터빈에 사용된다. 또한 고옥탄 휘발유와 무연 휘발유 생산 과정에서 효율적으로 사용될 수 있는 유용한 촉매다. 텅스텐 및 몰

한 번의 실수, 놓쳐버린 영광

노다크가 43번 원소를 발견했다고 발표한 실수는 안타까운 결과로 이어졌다. 1934년, 이다 노다크는 핵분열이 가능할 것이라 제안했다. 하지만 노다크의 명성에 이미 흠이 났기 때문에 그런 제안은 무시되었다. 그래서 핵분열 발견의 영예는 1938년, 우라늄 원자에 중성자를 충돌시키면 핵분열이 일어난다는 것을 처음으로 알린 오토 한, 리제 마이트너, 프리츠 슈트라스만에게 돌아갔다.

리브데넘과 합금으로 사용되기도 하는데, 이 합금은 매우 단단하고 내열성이 아주 높다.

오스뮴 Osmium

76 **Os** 190.23 Osmium	○ 화학 계열 **전이 금속**	○ 녹는점 **3,033°C**
	○ 원자 번호 **76**	○ 끓는점 **5,012°C**
	○ 색 **푸른빛의 은색**	○ 발견된 해 **1803년**

　오스뮴은 1803년에 영국 화학자 스미슨 테넌트가 발견했다. 그가 윌리엄 울러스턴(146쪽 참조)과 함께 연구했을 때 천연 백금을 왕수(금속을 녹이는 데 사용되는 질산과 염산의 혼합액)에 녹이자 검은 잔여물이 남았다. 울러스턴이 남은 백금을 분석하는 동안 테넌트는 그 잔여물을 연구했고, 그것이 알려지지 않은 금속 두 가지로 분리될 수 있다는 것을 발견했다. 바로 오스뮴과 이리듐이었다. 그는 이리듐이 더 마음에 들었다. 그는 오스뮴에서 이상한 냄새가 났기 때문에 '냄새'라는 뜻의 그리스어osme에서 따온 이름을 붙였다. 오스뮴의 화합물 몇 가지도 불쾌한 냄새가 나며 산화물의 냄새는 특히 지독했다.

　오스뮴은 자연에서 존재하는 안정된 원소 중에서 가장 밀도가 높은데 납의 2배 정도 된다. 상업적 용도로는 거의 쓰이지 않아서 매년 약 100킬로그램 정도만 생산된다. 종종 이리듐과 합금되어 고급 만년필의 펜촉, 수술 기구 등 부식과 마모에 강해야 하는 제품에 사용된다. 오스뮴은 녹는점이 높아서 백열전구 필라멘트로 쓰이는 금속 중 하나였지만 지금은 텅스텐을 더 많이 사용된다. 독일에서 가장 큰 조명기구 회사가 회사 이름을 오스람이라고 지었던 1906년에는 필라멘트 재료로 오스뮴과 텅스텐을 다 사용하고 있었다. 오스람은 오스뮴과 텅스텐의 독일어 명인 볼프람이 반씩 섞인 이름이다.

이리듐 Iridium

77 **Ir** 192.217 Iridium	○ 화학 계열 **전이 금속**	○ 녹는점 **2,466°C**
	○ 원자 번호 **77**	○ 끓는점 **4,428°C**
	○ 색 **은백색**	○ 발견된 해 **1803년**

금속 이리듐은 공룡 대멸종이 6천 5백만 년 전 일어난 거대 운석의 충돌에 의한 것이라는 가설을 뒷받침하는데 중요한 역할을 한다. 이리듐이 지구에서는 희귀하지만 운석에서는 흔히 발견된다. 1980년에 노벨상을 수상한 물리학자 루이스 앨버레즈와 캘리포니아 대학 연구원들은 6천 5백만 년 전에 형성된 암석층의 이리듐 밀도가 이례적으로 높다는 것을 보여 주었다. 이 층은 백악기Cretaceous(독일어로 Kreidezeit)와 고古제 3기Paleogene의 경계 지점이기 때문에 앞글자 'K'와 'Pg'를 따서 K-Pg 경계라고 한다.

이 층은 앨버타주 배드랜즈, 캐나다, 덴마크 질란드 등 지역의 지표면에서 볼 수 있고, 전 세계 화석 기록도 보존되어 있다. 앨버레즈와 동료들은 그 층이 멸종 당시에 거대한 운석이 지구와 충돌한 증거라는 이론을 세웠다. 운석

충돌 후 오랫동안 '충돌 겨울impact winter'이 지속되었고, 식물들은 광합성을 하지 못해 결국 많은 종들이 기아에 시달리다 멸종되었다는 것이다. 이 이론은 1990년대에 멕시코 만에서 지름 180킬로미터가 넘는 칙술루브 분화구가 발견되면서 더 힘을 얻었다. 이 충돌 분화구는 거대한 운석이 지구에 충돌한 후 잔해가 대기로 튀어 올랐다가 떨어진 다음 지표면에 쌓여 K-Pg경계가 생긴 것이라는 이론이 사실임을 확인해 주었다.

이리듐은 순수한 금속 상태에서는 부서지기 쉽고, 은빛으로 반짝인다. 앞서 보았듯이 이리듐은 스미슨 테넌트가

무지개의 여신

그리스 신화에 나오는 무지개의 여신 이리스는 바다의 신 타우마스와 그의 아내 엘렉트라의 딸이었다. 신과 여신들에게 꿀을 나누어 주며 하늘과 땅에 있는 신들의 이야기를 전하던 이리스는 바다에서 물을 모아 항아리에 담고, 구름에 물을 준다고 한다. 이리듐 화합물의 색이 다채롭기 때문에 스미슨 테넌트는 이리스의 이름을 따 이리듐이라 명명했다. 이리스는 iridescent(무지개 빛)의 어원이기도 하다.

1803년에 오스뮴과 함께 분리했다. 19세기 과학자들은 매우 독창적이었지만 수십 년 동안 이리듐을 어디에 쓸지 알 수 없었다. 녹는점이 너무 높아서 가공이 어려웠기 때문이다. 하지만 1834년에 발명가 존 아이작 호스킨이 얇고 단단한 만년필 펜촉을 만들고 싶어서 개발에 매진한 결과 마침내 이리듐이 첨가된 금 펜촉을 만드는 데 성공했다. 세월이 흐른 후, 이리듐을 가공하거나 다른 금속과 합금을 만드는 여러 방법이 개발되었다. 이리듐 합금은 매우 단단하고 부식에 강하기 때문에 점화 플러그의 전극 소재, 비행기 부품, 고온에서 사용하는 도가니를 만들 때 사용된다. 동위 원소 이리듐-192는 암 환자를 위한 방사선 치료에도 이용된다.

백금 Platinum

78 **Pt** 195.084 Platinum	○ 화학 계열 **전이 금속**	○ 녹는점 **1,768°C**
	○ 원자 번호 **78**	○ 끓는점 **3,825°C**
	○ 색 **은백색**	○ 발견된 때 **기원전 7세기경**

이집트 테베에 있는 여왕 샤페나핏의 관에서 백금을 가공해 만든 공예품이 발견되었다. 그 공예품의 연대는 기원전 7세기경으로 추정된다. 남미에서도 약 2000년 전에 백금을 가공했다. 하지만 남미를 지배했던 스페인 사람들은 백금을 하찮게 여겨서 '플라티나(작은 은)'라고 부르며 강에 도로 던져 버렸다. 백금이 금이 되다만 것에 지나지 않는다고 생각했던 것이다.

그러나 백금 시료가 영국 해군에게 함락당한 스페인 선박을 통해 유럽으로 흘러들어 가자 그 가치를 인정받기 시작했다. 하지만 적은 비용으로 백금을 생산하는 방법을 개발하기까지는 오랜 시간이 걸렸다. 백금은 광택이 나며 산화하지 않기 때문에 금만큼 부식에 강하다. 백금이 희귀한 이유 중 하나는 철과 합금이 되는 중금속이고, 지구에 있었던 백금 대부분이 아마도 과거에 지구핵 속으로 가라앉았기 때문이다.

현재 백금은 귀금속으로 취급되어 결혼식 반지를 만드는 데 사용되고, 플래티넘 기록이나 백금혼(플래티넘 웨딩-결혼 70주년 기념식)이라는 단어들도 생겼다. 백금은 연료 전지, 하드 디스크, 광섬유, 열전대, 점화 플러그, 심장 박동기에도 이용된다. 하지만 백금의 가장 중요한 용도는 자동차 촉매 변환 장치 안에서 유해한 탄화수소를 이산화탄소와 물로 변환하는 일이다. 이런 백금의 쓰임새는 계속해서 늘어나고 있기 때문에 수십 년 후 전 세계에 공급이 충분하지 못할지도 모른다는 우려가 지배적이다.

시스플라틴은 중요한 백금 화합물이다. 바넷 로젠버그는 1960년대에 전류가 박테리아에 미치는 영향을 실험하고 있었다. 이때 전극과 반응하여 시스플라틴이 생성되었다. 시스플라틴은 박테리아 사이에서 세포 분열을 억제하는 것으로 밝혀져 고환, 난소를 비롯한 많은 신체 부위에서 암을 치료하는 귀중한 약으로 쓰이고 있다.

79 금 Gold

○ 화학 계열 **전이 금속**		○ 녹는점 **1,064°C**	
○ 원자 번호 **79**		○ 끓는점 **2,856°C**	
○ 색 **금속성 노란색** (또는 금색)		○ 발견된 때 **고대 문명**	

Au
196.966569
Gold

  주기율표에서 금 위에 있는 구리, 은과 마찬가지로 금은 고대인들에게 익숙했다. 적어도 5000년 전에 보석과 돈으로 쓰였다. 금은 덩어리로 발견되지만 아주 작은 조각으로도 발견된다. 예를 들어 1860년대에 오스트레일리아에서 발견된 금이 가장 컸으며, 70킬로그램이 넘었다. 반면 물에서 건진 사금을 체에 걸러 금을 모을 수도 있다. 금과 같이 무거운 금속은 언제나 바닥으로 가라앉기 때문이다. 많은 양의 금이 원시적인 방법으로 수집되었다. 투탕카멘의 무덤에는 무려 100킬로그램이 넘는 금 공예품이 들어 있다고 한다.

  금은 왕수에 넣으면 당연히 녹겠지만 그런 경우만 제외하면 화학 반응성이 작다. 또한 칼로 자를 수 있을 만큼 부드럽고 쉽게 펴 늘일 수 있어 망치로 두드려 모양을 만들 수 있다. 24캐럿 금은 순수한 금을 말하며, 그보다 등급이 낮은 금은 합금이고 약간 더 단단하다.

매년 약 1,500톤의 금이 대부분 러시아와 남아프리카에서 채굴되고, 전 세계에서 유통되는 금은 재활용되고 재사용된다. 금을 두드려서 만든 얇은 금 시트는 다른 금속을 도금하는 데 쓰인다. 이를 이용해 저렴한 금 장신구나 전기 커넥터를 보호하는 단자를 만들 수 있다. 컴퓨터의 칩

바닷속 돈

제1차 세계대전 이후, 독일은 패전국으로서 징벌적 손해배상금을 지불해야 했다. 노벨화학상 수상자인 프리츠 하버는 애국자였기 때문에 바닷물에서 금 입자를 모아 배상금을 마련하겠다는 기발한 계획을 세웠다. 그는 거대한 원심분리기와 전기화학적 방법을 모두 동원할 생각이었다. 바닷물 1톤에서 금 65밀리그램을 얻을 수 있을 것이라 예상했다. 그 정도면 경제적인 성과를 얻을 수 있을 것 같았다. 하지만 바닷물에 들어 있는 실제 금의 양은 1톤 당 0.004밀리그램에 가깝다. 그는 바닷물에서 얻을 수 있는 금의 양을 다시 계산해 보고는 절망에 빠져 계획을 무산시켰다.

안의 회로는 보통 금선으로 이루어져 있다. 금 합금은 치아 충전재로 쓰이고 PVA 접착제를 생산할 때 촉매로 사용된다.

뉴욕에 있는 연방준비제도는 여러 국가 소유의 금괴 약 7,000톤을 보유하고 있는 전 세계 최대 금 보관소다. 그 금괴의 가치는 대략 5천억 달러 정도로 추산된다.

수은 Mercury

　강렬한 빨간색 광물 진사(수은의 원광)는 수천 년 전부터 전 세계 곳곳에서 거래되었다. 터키, 이란 부근에서는 볼 연지로 사용되었고 다른 물건을 색칠하는 데도 사용되었다. 7세기 마야 유적 중 하나인 붉은 여왕의 무덤 안에는 진사로 만든 밝고 붉은 가루를 바른 석관과 장례식 물품이 들어 있었다. 진사에서 금을 '녹이는' 물질인 '수은'이 추출된다는 것도 잘 알려져 있었다. 이론적으로는 수은을 이용해 다른 광물에서 금을 추출할 수 있다. 이런 방법을 이용하면 강 침전물에서 금을 더 빠르게 모을 수 있을 것이다.

　사실 수은으로 금을 녹여 얻는다는 말이 완전히 맞는 것은 아니었다. 진사는 황화수은이므로 이를 가열하여 증기가 된 수은을 모아서 응축하여 액체 수은을 얻을 수 있다. 원소 기호 Hg는 '액체 은'이라는 뜻의 그리스어hydrargyrum에서 유래한다. 하지만 금은 액체 수은에 용해되지 않는다. 오히려 금과 수은은 합쳐져 매우 낮은 온도에서 화합물을 만든다. 이를 가열하면 수은은 증발하고 금이 남는다.

과거에는 수은에 대한 평판이 훨씬 좋았다. 연금술사들은 수은을 모든 금속에 공통적으로 들어 있는 가장 기본적인 물질이라고 생각했다. 로마인과 그리스인은 수은을 약으로 사용했고 중국인은 수은을 마시면 장수가 보장된다고 믿었다.

물론 지금은 실온에서 유일하게 액체 상태인 수은이 독성이 있으며, 과거의 모든 관습들이 잘못된 판단이었다는 것을 알고 있다. 『이상한 나라의 앨리스』에 나오는 미친 모자장수 매드 해터는 그 당시 모자를 만들 때 질산수은을 사용했기 때문에 수은 중독으로 정신 착란이 생겼을 것이라는 발상에서 만들어진 캐릭터다. 수은의 가장 위험한 형태인 메틸수은은 물고기에 축적될 수 있고, 그 물고기를 먹는 사람은 매우 심각한 병에 걸릴 수 있다.

과거에는 수은을 많이 사용했지만 점점 사용을 줄이고 있다. 수은은 온도계, 치아 충전용 아말감, 낚시찌, 페인트 안료 등으로 사용되었다. 오늘날 일부 화학 공정에 수은이 여전히 사용되지만, 과거처럼 매력적인 금속이 아니라 매우 조심해서 다뤄야 할 금속이라는 인식이 자리 잡았다.

⁸¹ 탈륨 Thallium

81 **Tl** 204.38 Thallium	○ 화학 계열 **전이 후 금속**	○ 녹는점 **304°C**
	○ 원자 번호 **81**	○ 끓는점 **1,473°C**
	○ 색 **은백색**	○ 발견된 해 **1861년**

탈륨은 가장 독성이 강한 원소로 수년간 많은 살인 사건에 이용되었다. 탈륨은 사담 후세인이 자신의 정적을 제거할 때 가장 자주 사용했던 독이었고, 1950년대 초에는 오스트레일리아에서 탈륨과 관련된 범죄가 다섯 건이 발생하는 등 소위 '탈륨 열풍'이 있었다. 1970년대까지는 독성이 있는 황화탈륨이 살충제와 쥐약으로 판매되어 쉽게 구할 수 있었다. 탈륨은 1861년에 윌리엄 크룩스가 불순한 황산의 스펙트럼에서 얇은 초록색 선을 발견함으로써 세상에 알려졌다. 그는 그것이 새로운 원소가 틀림없다고 생각했고, '초록색 가지'를 뜻하는 그리스어_{thallos}에서 이름을 따서 명명했다.

1862년에 프랑스 과학자 클로드 오귀스트 라미가 탈륨을 더 자세하게 연구해서 공기 중에서 빠르게 변색되고 무른 은색 금속인 탈륨을 적은 양이지만 정제하는 데 성공했다. 그래서 크룩스와 라미는 누가 탈륨 발견자의 영예를 가져가야 하느냐를 두고 격한 논쟁을 벌였지만, 각자 나름의 메달을 받고나서야 갈등이 일단락되었다.

탈륨은 주로 포타슘 광석과 세슘이 포함된 폴류사이트에서 발견된다. 탈륨은 포타슘과 비슷하기 때문에 인체에 해를 끼칠 수 있다. 탈륨은 포타슘을 흡수하는 세포의 일부를 장악해 포타슘이 중요한 역할을 하지 못하도록 방해하기도 한다.

탈륨에 단기간 노출되면 메스꺼움과 설사 증상이 나타난다. 장기간 노출되면 광범위한 신경 손상과 탈모, 정신 장애, 심부전 등이 생길 수 있다. 얄궂게도 가장 효과적인 해독제는 프러시안블루 또는 베를린블루라고 알려진 헥사시아노철(II)산철(III)포타슘이다. 여기에는 시안화물이 들어 있지만 독성이 없다. 이 해독제는 탈륨 분자를 둘러싸고 탈륨이 포타슘 대신 흡수되지 못하게 하여 탈륨 중독을 치료한다.

일부 탈륨이 구리와 납을 정제하는 과정에서 부산물로 만들어진다. 탈륨은 별로 쓰이지 않는다. 광전지 안에 들어가고, 탈륨 산화물의 형태로 녹는점이 낮은 유리를 만드는 것에 사용될 뿐이다.

82 **Pb** 207.2 Lead	○ 화학 계열 **전이 후 금속**	○ 녹는점 **327°C**
	○ 원자 번호 **82**	○ 끓는점 **1,749°C**
	○ 색 **광택이 없는 회색**	○ 발견된 때 **고대 문명**

연금술사들은 묵직하고 잘 늘어나는 납을 하찮은 금속으로 여겼지만, 납이 본래의 회색에서 다양한 색으로 바뀔 수 있다는 사실을 알고 있었다. 식초에 담근 납을 동물의 배설물이 있는 우리에 두면 흰색으로 변했다. 납을 가열하면 표면에 연금술사들이 '리사지litharge'라고 부르는 노란색 일산화납 층이 형성된 다음, 선명한 붉은색이 되었다. 이것은 중세 시대에 빨간 페인트 안료로 사용되었는데 시간이 흐르면 칙칙한 갈색으로 변했다. 어떤 연금술사들은 납을 계속 가열하면 결국 금으로 바뀔 것이라는 잘못된 생각도 갖고 있었다.

납을 방연석에서 추출한 때는 제일 짧게 잡아도 고대 그리스 시대이다. 로마인들은 납을 탄산납이나 '연백'의 형태로 배관, 땜납, 페인트, 도자기 유약, 화장품에까지 사용했다. 하지만 의사 코넬리우스 켈수스는 납 사용의 악영향에 대해 경고했다.

독성이 있더라도 납은 여전히 자동차 배터리, 안료, 추, 땜납에 사용된다. 납은 가장 무겁고 안정적인 비방사성 원소이기 때문에 방사선 방호에 쓰일 수 있다. 예를 들어 약한 방사선 물질을 담는 용기를 만드는 데 쓰인다. 납은 특별히 반응성이 크지 않으므로 부식성 산류를 보관하는 데

·

저를 믿어 주세요. 저는 과학자입니다.

1924년, 뉴저지 스탠더드 석유회사의 납 중독 사건이 발생한 후 미국에서 기자회견이 열렸다. 한 노동자가 정신병을 앓다가 사망했고, 35명은 병원에 입원했다. 유연 휘발유를 발명한 토마스 미즐리는 플로리다에서 납에 중독되었다가 겨우 몸을 추스른 정도였지만, 유연 휘발유의 안전성을 의심하는 기자들을 설득하기 위해 휘발유 첨가제인 테트라에틸납 통에 자신의 손을 넣고 씻었다. 그는 '일반 도로에는 납이 없을 테니 거리에서 납을 감지하거나 흡수하는 것은 불가능할 것'이라며 유연 휘발유가 안전하다고 주장했다. 하지만 그는 '실제로 실험 데이터를 수집한 적은 없다'는 것을 인정했다.

·

사용한다. 최근까지 납은 자동차 엔진에서 점화 불량으로 인한 노킹을 방지하는 데 사용되었으나, 납이 유발하는 오염 문제 때문에 금지되었다. 납은 이제 더 이상 수도 배관과 용기에 사용되지 않지만, 납 배관이 설치되어 있는 옛 건물에 사는 사람들은 여전히 납 중독에 시달리고 있다.

한 마디 덧붙이자면 연금술사들의 생각이 완전히 틀리진 않았다. 82번보다 원자 번호가 큰 방사성 원소는 붕괴 사슬의 마지막에 납이 된다. 그래서 금이 납으로 변하는 것이 납이 금으로 변하는 것보다 더 쉽다. 핵실험 결과, 납으로 금을 만들 수 있다는 것이 밝혀졌다. 하지만 핵실험에 드는 비용은 납을 금으로 만들어 얻는 이익보다 훨씬 비쌀 것이다.

비스무트_{Bismuth}

83	○ 화학 계열 **전이 후 금속**	○ 녹는점 **272°C**
Bi	○ 원자 번호 **83**	○ 끓는점 **1,564°C**
208.98040 Bismuth	○ 색 **분홍빛을 띤 은색**	○ 발견된 때 **15세기**

비스무트는 15세기에 잉카족이 발견했다. 마추픽추에서 발견된 칼이 비스무트가 함유된 합금으로 만들어져 있었다. 서양 연금술사들도 비스무트에 대해 알고 있었다. 1460년에 사람들은 비스무트를 채굴하면서도 종종 납의한 종류로 착각하곤 했다. 19세기에는 화장품으로 사용되었다. 비스무트를 질산에 녹인 다음 물에 부으면 '진주정'이라고 알려진 하얗고 벗겨지기 쉬운 물질이 만들어지는데 이것으로 페이스 파우더를 만들었다. 이 물질은 연백안료보다 독성이 훨씬 적지만 도시에서는 난방 연료로 석탄을 사용해 대기가 황으로 오염되어 있기 때문에 얼굴에바르고 돌아다니면 약간 갈색으로 변하곤 했다.

비스무트는 무겁지만 부서지기 쉬운 금속이며 보통 백랍과 같은 합금으로 사용된다. 카드뮴이나 주석과 함께 녹는점이 낮은 합금을 만들어 퓨즈나 땜납에 사용할 수 있다. 염화산화비스무트는 백옥 같이 보이게 해 주는 화장품에 쓰이고 산화비스무트는 노란색 안료에 쓰인다. 탄산비스무트는 소화 불량 치료제로 사용된다.

방사능이란?

안정된 원자의 핵에는 양성자와 중성자를 함께 묶어 놓을 수 있는 힘이 충분히 있다. 불안정한 원자, 특히 우라늄처럼 무거운 원자들의 경우 그 힘이 충분히 세지 않다. 그래서 핵이 에너지와 입자를 방출하는데 이를 '방사능 붕괴'라고 부른다. 이때 유의할 점이 있다. 일부 안정적인 원소들도 방사성 동위 원소를 가지고 있다. 방사능이란 입자를 방출하는 성질이다. 원자는 안정될 때까지 점차적으로 붕괴한다. 예를 들어 우라늄-238은 18단계를 거쳐 점차적으로 붕괴해 토륨, 라듐, 라돈, 폴로늄으로 바뀌어 가다 최종적으로 안정적인 원자 납-206이 된다. 단 하나의 원자가 붕괴하는 데 걸리는 시간을 측정할 수는 없기 때문에 '반감기'라는 개념을 사용한다. 반감기란 특정 동위 원소의 핵자들이 붕괴하여 그 수가 반으로 줄어드는 데 걸리는 평균 시간을 말한다.

사람들은 비스무트가 비방사성 원소라고 생각했다. 하지만 아주 약간 방사선을 방출한다. 2003년에 프랑스 연구팀이 자연에서 존재하는 유일한 비스무트 동위 원소인 '비스무트-209'가 붕괴하며 방출한 알파 입자를 추적했다. 하지만 그 원소의 반감기도 2×10^{19}년이다. 비스무트의 반감기는 매우 긴 편에 속하기 때문에 주기율표에서 비스무트 다음에 있는 원소들과는 달리 비스무트의 방사능은 전혀 위험하지 않다.

⁸⁴ 폴로늄 _{Polonium}

84		
Po	○ 화학 계열 **준금속**	○ 녹는점 **254°C**
209	○ 원자 번호 **84**	○ 끓는점 **962°C**
Polonium	○ 색 **은회색**	○ 발견된 해 **1898년**

마리 퀴리는 방사선을 발견하지 못했다. X-선은 1895년 에 빌헬름 뢴트겐이 발견했고, 우라늄 방사선은 1896년에 앙리 베크렐이 발견했는데 베크렐은 퀴리 부인과 공동 연 구를 한 적이 있는 연구자였다. 하지만 퀴리 부인이 방사 능이라는 용어를 만들었고, 남편 피에르 퀴리와 함께 방사 선이 방출되는 현상에 대한 이해를 넓혀 주었다.

마리와 피에르가 폴로늄을 추출하는 과정은 매우 험난 했다. 그들은 현재 우라나이트라고 부르는 방사성 광물 피 치블렌드_{pitchblende}를 분석했다. 피치블렌드는 우라늄을 함 유하고 있는데, 우라늄의 방사선보다 훨씬 더 강한 방사선 을 방출하는 것 같았다. 가까스로 우라늄을 제거하고 남 은 잔해 몇 톤을 계속 걸러내 소량의 방사성 원소를 발견 했고, 마리 퀴리의 조국 폴란드의 이름을 따 폴로늄이라고 명명했다.

폴로늄은 매우 희귀한 원소다. 폴로늄을 추출하기 위해 퀴리 부부의 방법을 사용하는 것은 비경제적이다. 이보다 더 좋은 방법이 있다. 비스무트-209에 중성자를 충돌시켜 비스무트-210을 만드는 것이다. 비스무트-210이 붕괴하여 폴로늄이 된다. 높은 온도에서는 폴로늄의 전기 전도성이 저하되기 때문에 준금속이 아닌 금속으로 분류되고, 이 성질을 이용해 일부 산업 공정에서 정전기를 제거할 수 있다. 폴로늄의 반감기는 짧다. 이는 많은 열을 방출한다

·

생명을 앗아간 원소, 폴로늄

2006년에 벌어진 전직 러시아 첩보원 알렉산드르 리트비넨코 살해 사건에는 약간의 폴로늄이 이용되었다. 폴로늄은 침투력이 약한 알파 입자(양성자 2개와 중성자 2개가 결합한 것)를 방출한다. 그래서 폴로늄은 작은 용기에 넣어 가지고 다녀도 될 만큼 비교적 안전한 물질이다. 하지만 폴로늄을 섭취하면 방사선이 체내 세포에 흡수되어 세포를 공격하기 때문에 상당히 위험하다. 이것이 리트비넨코가 안타까운 죽음을 맞이하게 된 원인이었다.

·

는 의미다. 이 성질은 인공위성이나 '루노호트' 로봇처럼 달 표면을 분석하는 월면차에서 열전력을 공급하는 장치에 활용되었다.

아스타틴 Astatine

85 **At** 210 Astatine	○ 화학 계열 **할로겐**	○ 녹는점 302°C
	○ 원자 번호 85	○ 끓는점 337°C
	○ 색 —	○ 발견된 해 1940년

1937년에 최초의 '인공' 원소 테크네튬을 공동으로 발견한 에밀리오 세그레는 다음 해 여름을 버클리 연구소에서 보냈다. 이탈리아에서 반유대주의 법률이 통과되어 교수가 되는 길이 막히자, 그는 버클리에 머무르기로 결정했다. 세그레는 버클리의 입자가속기를 사용해 새로운 원소 '아스타틴'을 발견했다. 새 원소의 이름은 '불안정하다'는 뜻의 그리스어astatos에서 유래한다.

아스타틴은 복잡한 방사능 붕괴 과정의 일부에서 생성된다. 강한 방사성 동위 원소가 10개나 되는데, 그중 반감기가 8시간 이상인 것은 하나도 없다. 세그레와 데일 코르손이 비스무트-209에 입자들을 충돌시켜 아스타틴-211을 만들었지만, 눈으로 볼 수 있을 정도의 양은 아니었다. 아스타틴은 할로겐 원소이고, 추측컨대 할로겐 원소들과 비숫한 성질을 갖고 있는 것 같다.

세그레는 맨해튼 프로젝트에 전념했고, 그때부터 아스타틴에 대한 연구는 많이 하지 않았다. 하지만 아스타틴은 암 같은 질병 치료에 사용될 수 있을 것으로 여겨진다. 방사성 동위 원소 아이오딘-131은 암 치료용으로 사용되었지만, 암 세포 이외의 다른 조직에도 손상을 줄 수 있는 베타 입자(고에너지 전자)를 방출하는 단점이 있다. 아스타틴-211은 매우 짧은 반감기를 가진 알파 방출체이기 때문에 앞으로 더 효과적인 암 치료제가 될지 모른다.

86 라돈 Radon

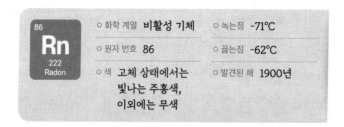

86 Rn 222 Radon	○ 화학 계열 **비활성 기체**	○ 녹는점 **−71℃**
	○ 원자 번호 **86**	○ 끓는점 **−62℃**
	○ 색 **고체 상태에서는 빛나는 주홍색, 이외에는 무색**	○ 발견된 해 **1900년**

무색무취의 방사성 가스가 땅속에서 계속 퍼져 나와서 환기가 잘 되지 않는 화강암 빌딩 지하실에서는 위험한 수치까지 축적될 수 있다는 말을 들어본 적이 있는가? 이 가스가 바로 라돈이다. 라돈은 주기율표 오른쪽 아래에 자리 잡은 방사성 희귀 가스다. 라돈은 소량 존재하는 우라늄의 붕괴 과정에서 생성되고, 이 과정에서 라듐, 토륨, 악티늄도 만들어진다. 반감기가 짧은 라돈은 빠르게 붕괴하여 폴로늄, 비스무트를 거쳐 최종적으로 납이 된다.

라돈은 라듐 조각 위에 유리병을 덮어 놓으면 모아진다. 라돈에 대하여 처음 기술한 사람은 독일 화학자 프리드리히 에른스트 도른이었다. 그는 라듐에서 발생하여 라듐 조각 주위의 공기를 방사성으로 만드는 가스를 '라듐 에머네이션radium emanation'이라고 했다. 어니스트 러더퍼드와 윌리엄 램지는 누가 라돈의 진짜 발견자인가를 두고 약간 신경전을 벌였다.

라돈의 반감기가 짧다는 것은 라돈이 건물 안에 모여도 점차 사라진다는 것을 의미한다. 라돈이 건강에 상당히 해를 끼칠 수 있다는 사례들이 있다. 예를 들어 라돈은 폐암 발병율을 높인다. 만일 지하실이 안전한지 걱정된다면 가정용 테스트 키트를 사용하면 된다. 하지만 라돈은 대부분 아무 해를 끼치지 않으며 대기 속으로 들어가서 극미량이 존재하다가 붕괴한다.

⁸⁷ 프랑슘 Francium

87 **Fr** 223 Francium	○ 화학 계열 **알칼리 금속**	○ 녹는점 **21°C**	
	○ 원자 번호 **87**	○ 끓는점 **650°C**	
	○ 색 **—**	○ 발견된 해 **1939년**	

1929년, 마리 퀴리가 방사능에 노출되어 사망하기 5년 전에 새로운 연구 보조원으로 마르게리트 카트린 페레를 고용했다. 총명한 페레는 포착하기 어려운 87번 원소를 1939년에 발견했고 그녀의 조국 프랑스의 이름을 따 프랑슘이라고 명명했다. 이후 페레는 프랑스 과학 아카데미의 일원으로 선출된 첫 번째 여성이 되었다.

입자가 양성자 2개와 중성자 2개로 구성된 알파 입자를 잃으면 원자 번호는 2만큼 작아진다. 반대로 베타 입자를 잃으면 원자 번호가 1만큼 커진다. 방사성 원소를 인공적으로 만들려면, 여러 원소들의 붕괴 과정을 고려하여 어떤 방식이 가능한지 생각하는 것이 요령이다. 프랑슘의 경우 페레가 방사성 불순물 악티늄(원자 번호 89번) 시료를 정제했을 때 이때 남겨진 미량의 방사선 물질이 새로운 원소로 밝혀져 발견되었다.

대부분의 악티늄은 베타 입자를 방출하며 붕괴해 토륨이 된다. 원자 번호 90번인 토륨이 다시 알파 입자를 방출해 원자 번호 88번인 라듐이 된다. 하지만 아주 일부 악티늄 원자는 베타 입자가 아닌 알파 입자를 방출하여 87번원소, 프랑슘이 된다. 그래서 프랑슘은 매우 적은 양이지만 자연에서 발견될 수 있으며 매우 짧은 반감기를 가지고 있다.

빛처럼 빠른 전자

리튬, 소듐, 포타슘, 루비듐, 세슘과 같은 알칼리 금속들은 주기율표에서 아래로 내려갈수록 반응성이 커진다. 하지만 프랑슘은 예외인데 이유가 꽤 흥미롭다. 알칼리 금속의 원자에 양성자가 점점 더 많아질수록, 전자의 궤도 운동 속도가 엄청나게 빨라져 거의 빛의 속도에 가까워진다. 상대성 법칙에 따르면 전자의 운동 속도가 빨라지면 전자의 크기가 약간 작아지고 전자들이 핵에 가깝게 몰려들어 전자를 내보내기 더 어려워진다. 그래서 세슘이 프랑슘보다 반응성이 커 보인다. 하지만 세슘이나 프랑슘 덩어리를 욕조에 떨어뜨릴 생각은 하지 않는 것이 좋을 것이다. 대폭발을 보고 싶지 않다면!

⁸⁸ 라듐 Radium

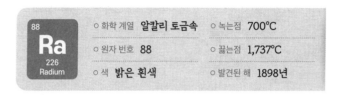

88 **Ra** 226 Radium	○ 화학 계열 **알칼리 토금속**	○ 녹는점 **700°C**
	○ 원자 번호 **88**	○ 끓는점 **1,737°C**
	○ 색 **밝은 흰색**	○ 발견된 해 **1898년**

　퀴리 부부가 피치블렌드에서 폴로늄을 발견했을 때, 라듐도 함께 발견했다. 라듐이라는 이름은 어둠 속에서 은은하게 빛나기 때문에 붙여진 이름이다. 1911년에 마리 퀴리는 동료 앙드레 드비에른과 함께 수은을 음극으로 하여 염화라듐 용액을 전기 분해하며, 라듐을 계속 분리했다.

　라듐은 천연 우라늄 광석 속에 적은 양이 존재한다. 강한 방사선을 방출하기 때문에 의료용, 특히 초기 암을 치료하는 데 효과적이지만, 요즘에는 라듐 요법이 잘 시행되지 않는다. 전립선암이 근처 뼈까지 전이되었을 때 치료를 위해 라듐-223이 가끔 사용될 뿐이다.

　20세기 초에 라듐은 시계 눈금판을 그리는 야광 페인트에 소량 사용되었다. 1920년대에는 미국 라듐 공장에서 일한 후 암에 걸린 젊은 여성 다섯 명이 공장을 상대로 소송

방사선을 뿜어내는 요리책

마리 퀴리를 사망에 이르게 한 것이 라듐일 가능성이 높다. 병명은 재생불량성빈혈이었다. 퀴리 부인은 라듐을 발견했을 때, 어둠이 내리면 연구실에 가서 꼬마전구처럼 빛을 내는 시험관을 들여다보는 것을 좋아하곤 했다. 그녀가 남긴 실험 노트와 논문들은 여전히 납 상자 안에 보관해야만 하고, 방사선 방호를 한 상태에서만 볼 수 있다. 주방에 있는 요리책 조차도 그녀의 손이 닿았기 때문에 여전히 많은 방사선을 방출하고 있다.

을 건 사건이 '라듐 아씨들radium girls'이라는 제목으로 보도되면서 떠들썩했던 일이 있었다. 그들은 라듐이 포함된 페인트를 사용하면서도 회사로부터 아무런 안전 지도도 받지 못했다. 그들은 페인트를 손에 묻혔을 뿐 아니라 페인트 붓 끝에 침을 묻혀 숫자판에 점을 찍었기 때문에 라듐을 조금씩 먹게 되었다. 그들은 소송에 승리했지만 몇 년 후에 모두 세상을 떠났다. 라듐은 이제 더 이상 야광 페인트에 사용되지 않는데, 라듐 아씨들이 용기 내어 소송을 제기하고 승소를 한 것도 원인 중 하나였다.

⁸⁹ 악티늄 Actinium

89 **Ac** 227 Actinium	○ 화학 계열 **악티늄족**	○ 녹는점 **1,050°C**
	○ 원자 번호 **89**	○ 끓는점 **3,200°C**
	○ 색 **은색**	○ 발견된 해 **1899년**

란타넘족 원소들처럼, 악티늄족도 89번 악티늄부터 103번 로렌슘까지의 원소들이 주기율표 밖에 한 줄로 배열되어 있다. 하지만 악티늄족 원소들은 서로 다른 성질을 가지고 있고 일부는 우라늄처럼 매우 중요한 원소이므로 악티늄부터 94번 원소 플루토늄까지의 원소들에 대해서는 자세히 알아볼 것이다. 이후엔 인공적으로 만들어진 원소들의 영역으로 들어가 볼 것이다.

악티늄족 원소들에는 몇 가지 공통점이 있다. 각 원소의 동위 원소들은 방사선을 방출한다. 모두 공기 중에서 색이 쉽게 변하고, 특히 분말은 실온에서 저절로 불이 붙는다. 악티늄족 원소는 모두 뜨거운 물과 반응해 수소를 방출하며, 무르고 밀도가 높은 은색 금속이다.

악티늄은 마리 퀴리의 친구인 앙드레 드비에른이 라듐

을 발견했을 때와 같은 방법으로 발견했다. 악티늄이 추출되는 우라늄 광석인 피치블렌드나 우라나이트는 신비한 푸른 빛을 낸다. 이는 악티늄이 들어 있기 때문이다. 피치블렌드에 들어 있는 악티늄의 양은 매우 적어서 연구 목적으로 주로 사용되고, 일부 연기 감지기와 실험적인 방사선 요법 외에는 거의 사용되지 않는다. 악티늄은 라듐-226에 중성자를 충돌시켜 얻는다.

토륨 Thorium

90 **Th** 232.0377 Thorium	○ 화학 계열 **악티늄족**	○ 녹는점 **1,750°C**	
	○ 원자 번호 **90**	○ 끓는점 **4,788°C**	
	○ 색 **은색**	○ 발견된 해 **1829년**	

많은 도시에서 방사성 원소 토륨으로 거리를 밝히곤 했다. 산화토륨은 모든 산화물 중에서 녹는점이 가장 높기 때문에 19세기 말에서 20세기 초까지 가스 등에 사용되었다. 가스가 연소되어 발생한 열기에도 산화토륨은 녹지 않았고 밝고 하얀 빛을 발산했다. 다행히도 토륨은 다른 악티늄 원소들처럼 방사선을 방출하지 않고, 유리나 피부를 통과하지 못하는 알파 입자를 방출한다. 그래서 토륨은 조명으로 사용하기에 안전하다. 실제로 토륨이 일부 캠핑 장비에 여전히 사용되지만, 일반적으로는 '토륨 무첨가'라고 적힌 라벨을 볼 수 있다.

토륨은 비교적 풍부하게 존재한다. 지각에서 토륨은 우라늄보다 3배나 더 많다. 토륨이 다양한 방사성 붕괴 사슬의 일부지만, 자연에서 생성되는 동위 원소 토륨-232의 반감기가 지구의 나이보다 더 길기 때문이다.

　1828년에 옌스 야콥 베르셀리우스가 발견한 토륨은 북유럽 신화 속 천둥의 신 토르의 이름을 따서 명명되었다. 물론 베르셀리우스는 토륨이 방사선을 방출하는지 몰랐다. 게다가 당시에는 방사선이라는 개념이 없었다. 토륨은 원자로에서 우라늄 대신 사용되기도 한다. 토륨과 우라늄이 항상 같은 곳에서 발견되는 것이 아니기 때문에 일부 국가에서는 토륨 원자로를 만들고 있다. 예를 들어 동쪽 해안에 토륨의 공급 자원인 모나자이트가 풍부한 인도는 장차 토륨을 더 효과적으로 사용하게 해 줄 신기술을 개발하고 있다.

91 **Pa** 231.03588 Protactinium	○ 화학 계열 **악티늄족**	○ 녹는점 **1,568°C**
	○ 원자 번호 **91**	○ 끓는점 **4,027°C**
	○ 색 **은색**	○ 발견된 해 **1913년**

프로트악티늄은 몇 해에 걸쳐 여러 차례 이름이 바뀌었다. 1900년에 영국 과학자 윌리엄 크룩스가 일부 우라늄 광석에 알려지지 않은 방사능 물질이 있다고 언급했다. 그는 그 물질을 우라늄-X라고 불렀다. 1913년에 폴란드계 미국 화학자 카시미르 파얀스가 동위 원소 프로트악티늄-234를 분리했고, 반감기가 약 1분 정도였기 때문에 '브레븀'이라고 불렀다.

하지만 독일 물리학자 리제 마이트너가 반감기가 3만 3천년인 동위 원소 프로트악티늄-231을 분리했을 때, 파얀스는 원소의 이름을 개정할 것을 제안했다. 마이트너는 그 원소가 붕괴할 때 알파 입자를 잃고 악티늄이 되기 때문에 악티늄이 되는 원소라는 뜻의 '프로토악티늄protoactinium'이라고 명명했다. 하지만 발음이 조금 어려워서 결국 모음 'o'

하나를 줄여 프로트악티늄protactinium이 되었다

이 희귀한 원소는 정제하기 어렵기 때문에 거의 사용되지 않는다. 하지만 프로트악티늄-231과 토륨-230의 비율을 비교해 대양 수계의 흐름을 재현하는데 사용할 수 있다. 두 원소는 우라늄 입자의 붕괴 과정에서 생성되어 바다에 소량 존재한다. 하지만 토륨이 프로트악티늄보다 더 빠르게 붕괴하기 때문에 과학자들은 두 원소의 비를 이용하여 해수의 순환을 설계할 수 있다.

우라늄 Uranium

92 **U** 238.02891 Uranium	○ 화학 계열 **악티늄족**	○ 녹는점 1,132°C
	○ 원자 번호 **92**	○ 끓는점 4,131°C
	○ 색 **은회색**	○ 발견된 해 **1789년**

　　중세 시대 은광에서 일하던 광부들은 방사성 원소들이 추출되는 원광 피치블렌드나 우라나이트에 대해 알고 있었다. 그들은 종종 검은색 또는 갈색 광물을 채굴하곤 했다. 1789년에 마르틴 클라프로트는 이 광물을 연구하고 가까스로 노란색 화합물을 만들어 냈다. 그는 그 안에 새로운 원소가 있다고 믿었고, 그의 생각은 옳았다. 그는 새로운 원소를 천왕성Uranus의 이름을 따서 명명했다. 우라늄은 나중에 프랑스 화학자 외젠 펠리고가 분리했다.

　　우라늄이 방사선을 방출한다는 사실은 아무도 몰랐다. 하지만 1896년, 앙리 베크렐이 빛에 노출되지 않은 사진 건판에 금속 시료를 올려놓았을 때, 감광 현상이 생기는 것을 보고 우라늄이 방사선 같은 것을 발산하는 것이 틀림없다고 주장했다.

지구에 있는 우라늄 중 99%는 우라늄-238이다. 우라늄-235가 소량 존재하고 다른 두어 가지 동위 원소가 아주 조금 있다. 우라늄의 반감기는 길기 때문에 다량의 우라늄을 여전히 이용할 수 있다. 우라늄의 방사성 붕괴는 지구 내부의 중요한 열원이 되어 화산 같은 자연 현상을 일으킨다. 우라늄을 이용하면 지구의 나이를 측정할 수 있다. 우라늄은 초신성에서 우라늄-235와 우라늄-238이 8:5의 비율로 생성된다. 따라서 두 원소의 원래 양을 현재의 양과 비교하고 반감기를 넣어 계산하면 지구 나이를 추정할 수 있다.

우라늄은 오로지 자연에서 생성되는 원소이며 원자로의 연료로 사용된다. 우라늄은 핵잠수함에 동력을 공급하고 플루토늄과 함께 핵무기를 만드는 데도 쓰인다. 이는 원자가 쪼개지거나(핵분열) 폭발로 원자들이 결합(핵융합)할 때 엄청난 양의 에너지와 방사능을 방출하는 것을 이용한 것이다.

93 넵투늄 Neptunium

93 **Np** 237 Neptunium	○ 화학 계열 **악티늄족**	○ 녹는점 **637°C**	
	○ 원자 번호 **93**	○ 끓는점 **4,000°C**	
	○ 색 **은색**	○ 발견된 해 **1940년**	

이탈리아계 미국인 물리학자 엔리코 페르미는 토륨과 우라늄에 중성자를 충돌시켜 93번 원소와 94번 원소를 만들려고 했다. 그는 실험에 성공했다고 생각했지만, 그가 우연히 핵분열을 발견했으며 원래 원소의 핵분열 생성물을 찾고 있었다는 사실은 나중에 알게 되었다. 페르미는 계속해서 맨해튼 프로젝트에 전념했고 세계 최초의 원자로 시카고파일 1호(Chicago Pile-1)를 건설했다.

1940년에 버클리 연구소에서 에드윈 맥밀런과 필립 에이벌슨은 페르미의 실험 방법을 사용해 93번 원소를 만드는 데 성공했다. 그들은 태양계에서 해왕성이 천왕성 다음에 있기 때문에 해왕성Neptune에서 이름을 따 넵투늄이라고 명명했다. 넵투늄은 천연에서 존재하는 마지막 원소로 우라늄광에서 미량 발견된다. 아주 적은 양이지만 넵투늄이

있는 집이 많이 있다. 일부 연기 감지기에서 소량 사용되는
방사성 원소 아메리슘이 넵투늄으로 붕괴하기 때문이다.

94 플루토늄 Plutonium

94 **Pu** 244 Plutonium	○ 화학 계열 **악티늄족**	○ 녹는점 **639°C**
	○ 원자 번호 **94**	○ 끓는점 **3,228°C**
	○ 색 **은백색**	○ 발견된 해 **1940년**

플루토늄은 넵투늄이 발견된 해에, 역시 버클리 연구소에서 발견되었다. 넵투늄은 합성된 다음 붕괴되어 베타 입자를 방출하며 플루토늄-239로 바뀌었다. 하지만 플루토늄-239는 다시 우라늄-235로 붕괴한다. 이 원소의 이름은 명왕성Pluto에서 유래되었다. 이전의 두 원소도 행성의 이름을 따서 명명했기 때문이다.

플루토늄은 상당히 흥미로운 금속이다. 실온에서는 쉽게 부서지지만 가열하거나 갈륨과 합금하면 더 잘 늘어나고 가공성이 좋아진다. 코발트 및 갈륨과 합금하면 저온에서 초전도체 물질을 만들 수 있다. 하지만 플루토늄은 매우 빠르게 붕괴하며 초전도체 물질을 손상시키기 때문에 오래가지 않는다. 플루토늄-238은 구형 심장 박동기에서 열전기 발전기로 이용된다. 붕괴될 때 열이 발생하기 때문에 과학자들은 토성 탐사선 카시니와 같은 무인 우주 탐사선에 필요한 전력 공급원으로 이용한다.

물론 플루토늄은 핵무기의 중요한 재료 중 하나로 알려져 있다. 히로시마에 투하된 원자폭탄 '리틀 보이Little Boy'는 우라늄 폭탄이었지만, 나가사키를 초토화시킨 두 번째 원

·

언어유희로 만든 플루토늄의 원소 기호

제2차 세계대전 당시 원자폭탄 프로젝트가 진행되는 동안 플루토늄을 합성한 연구팀은 글렌 시보그가 지휘하고 있었다. 그는 엉뚱한 유머 감각을 갖고 있는 사람이었다. 원자폭탄 프로젝트는 극비였기 때문에 플루토늄의 암호명을 '구리'라고 했다. 진짜 구리는 '맹세코 구리honest-to-God-copper'라고 불렀다. 전쟁이 끝나고 비로소 시보그는 구리라고 부른 원소의 이름을 지을 수 있었다. 플루토늄Plutonium의 약자는 당연히 PI이지만 그는 아랑곳하지 않고 원소 기호를 'Pu'라 하기로 했다. 아이들이 이상하고 고약한 냄새를 맡으면 '피-유'라고 소리를 내기 때문에 Pu로 지으면 재미있을 것이라 생각했다. 원소 이름을 결정하는 위원회는 시보그의 유머를 받아들였고 Pu가 주기율표에 영원히 남게 되었다.

·

자폭탄 '팻맨Fat Man'은 플루토늄을 이용하여 끔찍한 결과를
가져왔다.

원 자 번 호

95~118

PERIODIC TABLE OF THE ELEMENTS

원자 번호 95~118

원자 번호 93번 넵투늄은 자연에서 생성되는 마지막 원소다. 한편 초신성에서, 그리고 방사성 우라늄에 의해 만들어진 94번 원소 플루토늄은 우리 역사에서 매우 중요한 역할을 했다. 95번 이상의 원소들은 점점 신비로워진다. 이 원소들은 전 세계에 몇 안 되는 최첨단 연구실에서 다른 원소에 입자를 충돌시키는 방법으로만 만들 수 있다. 그리고 이 원소들은 모두 매우 불안정해서 아주 빠르게 붕괴하여 우라늄을 비롯한 여러 원소가 된다. 따라서 그 원소들을 설명하는 데 한 쪽씩 할애하기보다는 하나로 묶어 원소 기호와 원자 번호 등 주요 사항 몇 가지만 소개할 것이다.

아메리슘

아메리슘(Am95)은 한때 지구에 존재했다. 아프리카 가봉 지하에서 자연적인 핵반응으로 생성되었지만 가장 느리게 붕괴하는 동위 원소 아메리슘-247(Am-247)의 반감기가 7370년이다. 즉 생성된 아메리슘 원소들은 모두 붕괴되었다는 뜻이다. 글렌 시보그가 이끄는 시카고 대학 연구팀에서 1944년에 처음으로 아메리슘을 합성했다.

퀴륨

퀴륨(Cm96)은 퀴리 부부를 기념해 명명되었다. 1944년 캘리포니아 버클리 연구소에서 글렌 시보그의 연구팀이 발견했다. 시보그는 1945년 11월 어린이 라디오 프로그램에 출연했을 때 퀴륨의 발견을 발표했다. 퀴륨은 우주 비행선의 전력 공급원으로 사용되었다.

버클륨

버클륨(Bk97)은 1949년 아메리슘-241에 헬륨 입자를 충돌시켜 만들어졌다. 눈으로 볼 수 있을만큼 충분한 양을 만드는 데 무려 9년이 걸렸다. 이 원소는 버클리 연구소에서 만들어졌고 연구소의 이름을 따서 버클륨으로 명명되었다.

캘리포늄

캘리포늄(Cf98)은 퀴륨에 헬륨을 충돌시켜 만들었다. 만들어진 곳이 캘리포니아 주였기 때문에 캘리포늄이라고 명명되었다. 캘리포늄은 금광 및 은광 탐지기에 쓰이고, 비행기 금속 중 약해진 부분이 있는지 조사할 때도 사용된다.

아인슈타이늄, 페르뮴

아인슈타이늄(Es99)과 페르뮴(Fm100)은 1952년 11월 비키니 환초 핵실험 때 발생한 낙진에서 발견되었다. 두 원소는 처음에는 비밀로 숨겨져 있다가 1955년에 새로운 원소로 발표되었다. 원자 번호가 100번 이상인 원소들은 '초페르뮴 원소'라고 불린다.

멘델레븀

멘델레븀(Md101)은 주기율표의 창시자의 이름을 따서 근사하게 명명되었다. 버클리 연구소의 입자가속기에서 멘델레븀이 처음 만들어졌을 때 겨우 17개 밖에 되지 않았다. 대부분의 무거운 원소들처럼 멘델레븀도 연구 목적으로만 이용된다.

노벨륨

노벨륨(No102)을 두고 과학자들 사이에 논쟁이 있었다. 1956년, 모스크바의 원자력 연구소에서 노벨륨을 발견했지만 세상에 알리지 않았다. 그 후 스톡홀름의 노벨 연구소(그래서 이름이 노벨륨이 되었다)에서, 그리고 버클리 연구소에서도 노벨륨을 만들고 나자 처음으로 발견한 사람이 누구냐에 대한 논쟁이 수년간 이어졌다.

로렌슘, 러더포듐, 더브늄

러시아와 미국 연구팀은 누가 로렌슘(Lr103), 러더포듐(Rf104), 더브늄(Db105)을 발견했느냐를 두고 티격태격했다. 103번 원소는 사이클로트론 입자가속기를 발명한 어니스트 로렌스의 이름을 따서 로렌슘으로 명명되었다. 러시아 연구팀은 1964년 플루토늄에 네온을 충돌시켜 현재 러더포듐(물리학자 어니스트 러더퍼드에서 유래)으로 알려진 원소를 처음으로 만들었다. 이와 비슷한 기술이 105번 원소를 발견할 때도 쓰였다. 105번 원소를 러시아 연구팀은 네일스보륨이라고 불렀고, 미국 연구팀은 하늄이라고 불렀다. 결국 국제순수·응용화학연합에서 이 원소를 러시아의 합동핵연구소가 있는 더브나의 이름을 따 더브늄이라고 명명하기로 결정했다. 로렌슘은 마지막 악티늄 원소다. 따라서 104번 이상의 원소들은 초악티늄족 원소 또는 초중량원소라고 불린다.

시보귬

시보귬(Sg106)은 글렌 시보그의 이름을 따서 명명되었다. 1970년, 캘리포늄에 산소 입자를 충돌시켜 처음으로 만들어졌고 1974년에 크로뮴 입자를 납에 충돌시켰을 때 다시 만들어졌다. 이제까지 만들어진 시보귬의 양은 매우 적다.

보륨, 하슘, 마이트너륨, 다름슈타튬, 뢴트게늄, 코페르니슘

보륨(Bh107)은 1975년 합동핵연구소에서 처음 만들었던 것 같다. 하지만 눈으로 볼 수 있을 정도의 양은 독일 원자력연구소인 헬름홀츠 중이온연구소에서 비스무트에 크로뮴 원자를 충돌시키는 저온핵융합과정(실온이나 실온에 가까운 온도에서 이루어졌다는 뜻이다)을 거쳐 처음으로 합성했다. 같은 팀에서 최초로 아주 적은 양의 하슘(Hs108), 마이트너륨(Mt109), 다름슈타튬(Ds110), 뢴트게늄(Rg111), 코페르니슘(Cn112)도 만들었다.

니호늄

니호늄(Nh113)은 2004년 일본의 이화학연구소 과학자들이 합성했고, 오늘날까지 니호늄에 대하여 알려진 바가 거의 없다.

플레로븀, 모스코븀, 리버모륨, 테네신, 오가네손

마지막 다섯 원소인 플레로븀(Fl114), 모스코븀(Mc115), 리버모륨(Lv116), 테네신(Ts117), 오가네손(Og118, 오가네시안의 이름에서 유래한다)은 모두 유리 오가네시안의 팀이 있는 합동핵연구소에서 만들어졌다. 이중 테네신이 2010년에 118개 원소 중 가장 마지막으로 합성되었다. 이 원소들은 모두 매우 불안정하고 아주 적은 양으로만 합성되기 때문에 우리는 이 원소들에 대하여 거의 알지 못한다.

원자 번호 119 이상

　〈스타 트렉〉의 팬이라면 엔터프라이즈호에 동력을 공급하는 결정형 원소 다이리튬(원자 번호 119번)에 대하여 알 것이다. 독자가 몇 화를 봤느냐에 따라 다르겠지만 다이리튬이 발견된 곳을 목성의 위성으로 아는 사람도 있고, 남극의 운석으로 아는 사람도 있을 것이다. 〈배트맨〉의 작가가 만화 줄거리를 원자 번호 206번 배트매늄의 발견을 중심으로 이끌어 나가는 것처럼, 다이리튬 역시 작가가 지어낸 이야기다.

　하지만 119번 원소와 정말 무거운 또 다른 원소들을 찾는 연구는 실제로 진행 중이다. 이 원소들을 만들어 내는 것은 거의 불가능할 정도로 어렵다. 굉장히 불안정해서 빠르게 붕괴해 버릴 새로운 원소의 원자 단 몇 개를 발견하기 위해 원자에 입자를 충돌시키는 일을 어쩌면 몇 년 동안 해야 할지도 모르기 때문이다. 테네시주에 있는 오크리지 국립연구소와 공동 연구 중인 일본 이화학연구소 팀은 퀴륨에 바나듐 이온을 충돌시키면 다이리튬을 발견할 수 있을 것이라고 생각한다. 유리 오가네시안의 러시아 연구팀은 버클륨에 타이타늄 이온을 충돌시키는 실험을 계획 중이다.

칼 세이건이 '우리는 별의 물질로 이루어져 있다'고 말했다. 모든 원소들이 빅뱅이나 항성과 초신성 내 핵반응에서 만들어진 다음, 우주 공간에서 소용돌이치다 합쳐져 인체를 구성하는 분자뿐만 아니라 유기물, 무기물과 같은 모든 것들을 만든 과정에 대한 경이로움을 표현한 말이다.

1669년 이전에는 12개 원소 밖에 알지 못했다. 18세기 말에 34개 원소에 대해 알게 되었고, 멘델레예프의 주기율표에는 당시 알려진 원소 62개가 있었다. 지금 우리는 지구에서 자연적으로 발생하는 원소를 포함하여 총 118개 원소 각각에 대하여 알고 있다. 하지만 아직 만족하지 못한다. 인간의 자연적인 본성에는 더 많이 연구하고, 더 멀리 나아가고, 더 큰 꿈을 계속 이루어나가길 바라는 마음이 있기 때문이다.

| 색인 |

ㅎ

원소 주기율표

교과서 개념에 밝아지는 배경지식 이야기

초판 1쇄 발행 2019년 12월 5일
초판 3쇄 발행 2020년 9월 17일

지은이
제임스 러셀(James M. Russell)

옮긴이
고은주

펴낸이
김기중

펴낸곳
(주)키출판사

등록
1980년 3월 19일(제16-32호)

전화
1644-8808

팩스
02)733-1595

주소
(06258) 서울시 강남구 강남대로 292, 5층

가격
15,000원

ISBN
979-11-89719-71-5 (03430)

원고 투고

키출판사는 저자와 함께 성장하길 원합니다. 사회에 유익하고 독자에게 도움 되는 원고가 준비된 분은 망설이지 말고 Key의 문을 두드려 보세요.
Key와 함께 성장할 수 있습니다.
company@keymedia.co.kr